ÉTUDE

SUR

LA COMPTABILITÉ DÉPARTEMENTALE

Depuis son origine jusqu'à 1875

ET

ÉLÉMENTS PRATIQUES

POUR LA FORMATION

DU BUDGET DES DÉPARTEMENTS

Par J. BLANC,

Sous-Chef de Division à la Préfecture de l'Aveyron.

OUVRAGE HONORÉ DE LA SOUSCRIPTION
DU CONSEIL GÉNÉRAL DE L'AVEYRON.

H. B.

RODEZ

IMP. H. DE BROCA, BOULEVARD SAINTE-CATHERINE, 1.

1876

ÉTUDE

SUR

LA COMPTABILITÉ DÉPARTEMENTALE

Depuis son origine jusqu'à 1875

ET

ÉLÉMENTS PRATIQUES

POUR LA FORMATION

DU BUDGET DES DÉPARTEMENTS

Par J. BLANC,

Sous-Chef de Division à la Préfecture de l'Aveyron.

OUVRAGE HONORÉ DE LA SOUSCRIPTION
DU CONSEIL GÉNÉRAL DE L'AVEYRON.

H. B.

RODEZ
IMP. H. DE BROCA, BOULEVARD SAINTE-CATHERINE, 1.

1876

INTRODUCTION

Le Conseil général de l'Aveyron eut à s'occuper, dans sa deuxième séance du 23 août 1873, d'une proposition qui lui avait été soumise par M. de Monseignat, l'un de ses membres, et qui avait pour objet, si elle était accueillie, d'aviser aux moyens d'obtenir, pour être livré au public, un résumé précis et succinct sur la comptabilité et sur les éléments dont se composent les budgets.

Pour faire apprécier l'importance de cette proposition, nous reproduisons ci-après les considérations telles qu'elles sont formulées dans l'exposé qui a été présenté par M. de Monseignat.

« Les personnes qui s'occupent d'administration départementale ou communale ont besoin d'avoir des notions précises sur tout ce qui se rattache à l'économie des budgets des départements et des communes. L'entente de tous les détails d'un budget est souvent ignorée par un grand nombre de ceux qui ont à en appliquer les dispositions.

« Nous sommes à une époque où le mouvement électoral appelle successivement dans les conseils électifs des hommes qui n'ont jamais eu à s'occuper d'administration.

« Ne serait-il pas bon que ceux qui désirent remplir leurs devoirs et prendre au sérieux les fonctions qui leur sont confiées, pussent avoir le moyen de se fixer sur un des points les plus délicats du rouage administratif : *le budget?*

« On trouve dans les lois de finances, dans les commentaires qu'elles ont amenés, dans les circulaires ministérielles, des documents qui donnent de suffisantes instructions sur la composition des divers budgets ; mais ces documents sont épars et n'appartiennent pas à tous ; il est difficile, sinon tout à fait impossible, de se les procurer.

« Ne serait-il pas utile qu'il existât un résumé précis et succinct contenant les explications désirables sur tous les éléments dont se compose un budget, en commençant par celui de l'État, d'où découlent tous les autres, jusqu'à ceux des fabriques et des établissements publics ? — Ce serait une sorte de petit traité qui, s'il était bien conçu, donnerait facilement la clef de nombreuses dispositions dont on ne connaît pas toujours aisément la portée. Remontant à l'origine fort peu ancienne, du reste, de la comptabilité régulière de l'État, du département, de la commune, il suivrait les phases de cette comptabilité jusqu'à nos jours..... »

La commission des intérêts généraux, à laquelle avait été renvoyée la proposition, déclara, à l'unanimité, que la réalisation de ce travail était d'une incontestable utilité, et proposa, par l'organe de M. Jalabert, son rapporteur, le vote d'un crédit à donner en prime à celui qui aurait réuni des éléments jugés suffisants, par la commission départementale, pour composer le traité dont il s'agit.

La commission des finances, tout en admettant l'intérêt d'un pareil projet, mais se fondant sur l'exiguité des ressources du budget, regretta de ne pouvoir conclure, immédiatement, à l'adoption de la proposition faite par la commission des intérêts généraux. D'après les observations présentées par le Président du Conseil général sur l'utilité d'une publication de cette nature, l'assemblée départementale remit à une autre session l'examen de cette proposition, dont une cause purement financière ne permettait pas, pour le moment, la réalisation.

Chargé spécialement du service de la comptabilité départementale, à la Préfecture de l'Aveyron, nous avons considéré comme une obligation pour nous de traiter cette partie du service.

Une question, purement budgétaire, ne pouvait faire différer, en ce qui nous concerne, la réalisation d'un projet auquel le Conseil général paraissait ajouter une réelle importance. Nous nous sommes mis aussitôt à l'œuvre et nous avons l'honneur de soumettre, aujourd'hui, à la haute appréciation de l'assemblée départementale, le travail qu'elle nous a inspiré. Nous avons hâte de dire que c'est surtout au point de vue du département de l'Aveyron qu'a été écrite cette publication. Heureux si nos efforts sont jugés dignes de l'approbation du Conseil général.

J. B.

Août 1875.

La commission des intérêts généraux, qui avait eu déjà à s'occuper de cette question, fut chargée par le Conseil général de l'examen de notre manuscrit. Voici le rapport fait par M. Bousquet, au nom de cette commission :

« MESSIEURS,

« Je viens, au nom de la commission des intérêts généraux, vous rendre compte d'un manuscrit soumis au Conseil général par M. Blanc, sous-chef de division à la Préfecture de l'Aveyron.

« Ce travail qui a pour titre : *Étude sur la comptabilité départementale, depuis son origine jusqu'à 1875, et éléments pratiques pour la formation du budget*, indique suffisamment le but de l'ouvrage.

« Son auteur, ainsi que vous le dit M. le Préfet dans son rapport, compte 24 ans de pratique dans le service de la comptabilité départementale ; c'est un employé des plus dignes et des plus méritants. Une aussi longue expérience pourrait suffire pour justifier sa compétence sur cette publication ; mais votre commission des intérêts généraux croit devoir entrer dans quelques détails pour vous en faire apprécier les mérites et la valeur.

« Prenant la comptabilité départementale à son origine, M. Blanc la suit pas à pas jusqu'à ce jour, sans omettre une des phases nombreuses qu'a subies le budget. Les lois des 10 mai 1838, 18 juillet 1866 et 10 août 1871, sont longuement commentées. Les résultats financiers que ces diverses lois ont procurés au département de l'Aveyron, sont également très-développés et nous ont paru dignes d'être étudiés.

« Le budget primitif, tel qu'il se compose actuellement, est l'objet d'un soin particulier. Chaque fois que des explications ont paru nécessaires pour justifier l'origine d'un article de recette ou de dépense, elles ont été données.

« Le supplément au budget ou report, ainsi que le budget rectificatif, sont l'objet d'un examen minutieux. Le mécanisme nous en a paru clair et facile à saisir.

« La question des virements est traitée avec beaucoup de soin et les limites que le Président de la République et les Conseils généraux peuvent atteindre sont indiquées d'une manière claire et précise.

« Des détails statistiques spéciaux aux finances du département de l'Aveyron ont aussi une large place dans l'excellent travail de M. Blanc.

« En un mot, l'ouvrage dont j'ai été chargé de vous entretenir, a paru à votre commission des intérêts géneraux d'une utilité incontestable.

« Les personnes qui n'ont jamais eu à s'occuper de comptabilité départementale et qui désireraient se rendre un compte aussi exact que possible de cette branche importante de l'administration financière, trouveront dans cette publication tous les éléments propres à les éclairer. Les receveurs des finances, les percepteurs, les employés des ponts et chaussées, les agents-voyers, les employés des préfectures et des sous-préfectures pourront y puiser aussi des renseignements précieux, spéciaux à leur service.

« En conséquence, votre commission des intérêts généraux a l'honneur de vous proposer, à l'unanimité, de voter le crédit de 200 fr. que sollicite M. Blanc pour l'impression des 120 premiers exemplaires de son ouvrage qu'il s'engage à remettre au Conseil. Mais elle espère que M. Blanc complètera son travail en faisant des études analogues sur la comptabilité communale. »

« M. Rodat fait observer qu'il serait désirable que l'ouvrage de M. Blanc, d'ailleurs fort estimable, fût complété par une étude sur le budget des communes (1). »

« Les conclusions du rapport sont adoptées par le Conseil général. »

(1) Il a été satisfait au désir exprimé par le Conseil général en ce qui concerne le budget des communes.

Une brochure spéciale, honorée de la souscription de l'assemblée départementale, paraît en même temps que la présente. Elle a pour titre : *Guide pratique pour la formation du budget et des chapitres additionnels des communes.*

ÉTUDE

SUR

LA COMPTABILITÉ DÉPARTEMENTALE

DEPUIS SON ORIGINE JUSQU'A 1875

ET

ÉLÉMENTS PRATIQUES

POUR LA FORMATION

DU BUDGET DES DÉPARTEMENTS.

Les lois organiques et fondamentales de la comptabilité des recettes et des dépenses départementales sont généralement peu connues. Elles sont familières, seulement, aux personnes appelées par leur position à en faire une étude constante et à celles obligées, par la nature spéciale de leurs fonctions, de les appliquer journellement. Un travail sur cette matière ne saurait donc être sans utilité.

La comptabilité départementale est liée à la comptabilité générale de l'État, de même que le budget des départements est une émanation de celui de l'État; mais cependant la comptabilité et le budget, spéciaux aux fonds départementaux, forment une branche distincte et indépendante.

C'est de cette comptabilité et de ce budget que nous

nous proposons de faire une étude. Nous diviserons notre travail en huit parties, dans l'ordre suivant :

1° Historique de la comptabilité départementale depuis son origine jusqu'a 1838 ;
2° Loi du 10 mai 1838 ;
3° Loi du 18 juillet 1866 ;
4° Loi du 10 août 1871 ;
5° Budget de report ou supplémentaire ;
6° Budget rectificatif ;
7° Virements de crédits. — Décisions modificatives ;
8° Renseignements statistiques.

Ces bases posées, nous entrons immédiatement en matière.

HISTORIQUE DE LA COMPTABILITÉ DÉPARTEMENTALE DEPUIS SON ORIGINE JUSQU'A 1838.

Ce fut la loi du 28 messidor an IV (16 juillet 1796), qui, en établissant des centimes additionnels pour le paiement des dépenses départementales, jeta les premiers fondements de la comptabilité des départements.

Cette loi distingua deux natures de dépenses : les dépenses fixes ou celles qui avaient pour objet le traitement des fonctionnaires administratifs, et les dépenses variables, auxquelles étaient affectés les centimes nouvellement créés. Le Trésor public centralisait les centimes départementaux destinés à l'acquittement des dépenses fixes et laissait à la disposition des départements le produit de ceux affectés aux dépenses variables. Les premiers budgets départementaux furent établis, naturellement, d'après ces bases.

Mais c'est de 1816 et de la loi de finances du

28 avril de cette année que date l'organisation, proprement dite, de la comptabilité des départements.

Cette loi, en effet, opéra la séparation définitive des dépenses générales de l'État des dépenses qualifiées départementales, établit la spécialité des centimes additionnels destinés au paiement de ces dernières, autorisa, en outre, les Conseils généraux à voter une imposition facultative de cinq centimes, portant sur les contributions foncière et personnelle-mobilière, pour les dépenses d'utilité départementale, et disposa, en même temps, que sur les centimes additionnels départementaux, fixés au nombre de douze, il en serait laissé deux à la disposition du Ministre de l'intérieur pour venir au secours des départements dont les dépenses variables excéderaient le produit de leurs centimes. C'est là l'origine du fonds commun.

Ce fonds avec les centimes facultatifs et les centimes additionnels spéciaux constituaient, à cette époque, tout le système de la comptabilité départementale. Depuis elle a été modifiée, améliorée et complétée, mais le principe en est resté à peu près le même.

Une des conséquences les plus importantes de la spécialité des fonds départementaux établie par la loi du 28 avril 1816, fut que les travaux des routes départementales, qui jusque-là faisaient partie du budget des ponts et chaussées, en raison de la centralisation au Trésor du produit des centimes additionnels, entrèrent, à compter de cette époque, dans les budgets des départements, dont ils constituent aujourd'hui une charge très-lourde, au moins pour ce qui concerne l'Aveyron.

Une nouvelle classification des recettes et des dépenses départementales naquit de cet ordre de choses et devint, à son tour, la base d'un nouveau modèle des budgets départementaux.

Les recettes se composèrent du produit des centimes additionnels et facultatifs, et de la part attribuée à chaque département sur le fonds commun ; les dépenses se divisèrent en dépenses fixes, en dépenses variables et en dépenses facultatives. Les premières de ces dépenses étaient arrêtées par le gouvernement et payées sur le produit des centimes centralisés au Trésor; les autres, c'est-à-dire les dépenses variables et facultatives, étaient arrêtées par le Conseil général, et payées sur les centimes départementaux. Les départements furent autorisés, en outre, à s'imposer, à partir de 1820 et surtout de 1830, des centimes extraordinaires pour travaux de diverses natures, mais principalement pour ceux des routes.

La loi du 31 juillet 1821 qui mit à la charge des départements les dépenses du cadastre, celle du 28 juin 1833 sur l'instruction primaire et celle du 21 mai 1836 sur les chemins vicinaux étendirent, mais sans le modifier, le cercle de la comptabilité départementale, en donnant naissance à de nouveaux et importants services pour lesquels elles créaient en même temps des ressources spéciales.

Sauf quelques changements dans le nombre et la nature des centimes que les départements furent autorisés à s'imposer, la forme du budget resta à peu près la même jusqu'en 1839, époque à partir de laquelle la loi du 10 mai 1838 fut mise à exécution.

Voici la nomenclature des divers chapitres dont se composaient les trois budgets des départements, pendant les années 1836, 1837 et 1838, suivie de quelques renseignements très-sommaires.

1° Budget des dépenses fixes.

CHAPITRE Ier. — *Traitements administratifs.*

CHAPITRE II. — *Frais d'administration par abonnement.*

La loi fixait annuellement le nombre de centimes additionnels à centraliser au Trésor public pour servir à l'acquittement des dépenses comprises à ce budget.

Ce fut la loi de finances du 14 juillet 1838 qui supprima, à partir de 1839, la spécialité de ces centimes et les fit passer dans les centimes généraux, sans affectation spéciale. En conséquence, les deux services dont il vient d'être parlé cessèrent de figurer, à partir de l'année 1839, au budget des départements, pour entrer dans celui de l'État.

2° Budget des dépenses variables ordinaires.

CHAPITRE Ier. — *Hôtel de la Préfecture.*

CHAPITRE II. — *Prisons départementales.*

CHAPITRE III. — *Mendicité.*

CHAPITRE IV. — *Casernement de la gendarmerie.*

CHAPITRE V. — *Cours et tribunaux.*

CHAPITRE VI. — *Bâtiments.*

CHAPITRE VII. — *Routes départementales.*

CHAPITRE VIII. — *Enfants trouvés et abandonnés.*

CHAPITRE IX. — *Encouragements et secours.*

CHAPITRE X. — *Dettes départementales.*

CHAPITRE XI. — *Dépenses diverses et imprévues.*

Les dépenses classées dans ces onze chapitres étaient imputables : 1° sur le produit des centimes additionnels ordinaires laissés à la disposition de chaque département ; 2° sur la somme accordée dans la répartition du fonds commun destiné à remédier, suivant les besoins, à l'insuffisance des centimes ordinaires ;

3° sur les ressources éventuelles appartenant au département.

3° Budget des dépenses facultatives et extraordinaires d'utilité départementale.

CHAPITRE Ier. — *Ateliers de charité.*

CHAPITRE II. — *Réparations aux édifices départementaux, acquisitions, etc.*

CHAPITRE III. — *Travaux des routes départementales.*

CHAPITRE IV. — *Secours aux communes pour travaux neufs, réparations ou autres causes.*

CHAPITRE V. — *Supplément pour les enfants trouvés et abandonnés.*

CHAPITRE VI. — *Secours et encouragements.*

CHAPITRE VII. — *Clergé et édifices diocésains.*

CHAPITRE VIII. — *Dépenses diverses.*

Les dépenses inscrites dans ces huit chapitres étaient exclusivement imputables sur le produit des centimes facultatifs. Le chapitre IX et suivants étaient réservés à l'inscription des dépenses déterminées par la loi spéciale qui autorisait l'imposition extraordinaire dont le produit était destiné à y faire face.

Enfin, le budget des dépenses de l'instruction primaire et celui des dépenses du cadastre étaient rattachés, pour ordre seulement, au budget des départements. Le premier ressortissait au ministère de l'instruction publique et le deuxième au ministère des finances.

LOI DU 10 MAI 1838.

Les modifications importantes apportées par la loi du 10 mai 1838 aux attributions des Conseils généraux d'une part, et, de l'autre, la création de nouveaux services, devaient nécessairement avoir pour effet d'opérer de grands changements dans la forme des budgets départementaux, ainsi que dans les règles de la comptabilité.

Cette loi, en effet, a été la première qui ait établi un ensemble de règles fixes, un système complet. Elle fit cesser toute incertitude, toute ambiguité, non-seulement sur les principes, mais encore sur tous les détails du service. Enfin, elle régla méthodiquement la forme des budgets.

La loi de 1838 reçut son exécution à partir du 1er janvier de l'année suivante.

Le budget départemental de l'exercice 1839, dont nous commençons en ce moment l'étude, fut mis en harmonie avec les dispositions de la nouvelle loi. Ce document fut divisé en six sections, mais les quatre premières seulement formaient, à vrai dire, le budget départemental. C'est de celles-ci que nous allons nous occuper d'abord.

Elles étaient ainsi désignées :

1re SECTION. — *Dépenses ordinaires.*
2e SECTION. — *Dépenses facultatives.*
3e SECTION. — *Dépenses extraordinaires.*
4e SECTION. — *Dépenses spéciales.*

La 1re section (dépenses ordinaires), se composait des quinze sous-chapitres ci-après :

SOUS-CHAPITRE Ier. — *Travaux ordinaires des bâtiments.* (§ 1er de l'article 12 de la loi du 10 mai 1838).

SOUS-CHAPITRE II. — *Contributions.* (§ 2 de l'article 12 de la loi).

SOUS-CHAPITRE III. — *Loyer des hôtels de préfecture et de sous-préfectures.* (§ 3 de l'art. 12 de la loi).

SOUS-CHAPITRE IV.— *Mobilier des hôtels de préfecture et de sous-préfectures.* (§ 4 de l'art. 12 de la loi).

SOUS-CHAPITRE V. — *Casernement de la gendarmerie.* (§ 5 de l'art. 12 de la loi).

SOUS-CHAPITRE VI. — *Prisons départementales.* (§ 6 de l'art. 12 de la loi).

SOUS-CHAPITRE VII. — *Cours et tribunaux.* (§ 8 de l'art. 12 de la loi).

SOUS-CHAPITRE VIII. — *Corps-de-garde des établissements départementaux.* (§ 9 de l'art. 12 de la loi).

SOUS-CHAPITRE IX. — *Entretien des routes départementales.* (§ 10 de l'art. 12 de la loi).

SOUS-CHAPITRE X. — *Enfants trouvés ou abandonnés.* (Partie du § 11 de l'art. 12 de la loi).

SOUS-CHAPITRE XI. — *Aliénés.* (Partie du § 11 de l'art. 12 de la loi).

SOUS-CHAPITRE XII. — *Impressions.* (§§ 13 et 15 de l'art. 12 de la loi).

SOUS-CHAPITRE XIII. — *Archives du département.* (§ 19 de l'art. 12 de la loi).

SOUS-CHAPITRE XIV.— *Frais de translation, de route et autres dépenses ordinaires.* (§§ 6, 7, 12, 14, 16, 17 et 18 de l'art. 12 de la loi).

SOUS-CHAPITRE XV. — *Dettes départementales ordinaires.* (Article 20 de la loi).

La 2e section (dépenses facultatives), se composait de huit sous-chapitres ainsi désignés :

SOUS-CHAPITRE XVI. — *Travaux neufs des édifices départementaux.*

SOUS-CHAPITRE XVII. — *Travaux des routes départementales et des ouvrages d'art qui en font partie.*

SOUS-CHAPITRE XVIII.— *Subventions aux communes.*

SOUS-CHAPITRE XIX. — *Encouragements.*

SOUS-CHAPITRE XX. — *Clergé et édifices diocésains.*

SOUS-CHAPITRE XXI. — *Secours pour remédier à la mendicité.*

SOUS-CHAPITRE XXII. — *Dépenses diverses.*

SOUS-CHAPITRE XXIII.— *Dettes départementales pour dépenses extraordinaires.* (Article 20 de la loi du 10 mai 1838).

La 3e section (dépenses extraordinaires), ne comprenait que deux sous-chapitres, savoir :

SOUS-CHAPITRE XXIV. — *Dépenses imputables sur centimes extraordinaires recouvrés en vertu de lois spéciales.*

SOUS-CHAPITRE XXV. — *Dépenses imputables sur fonds d'emprunts autorisés par des lois spéciales.*

La 4e section (dépenses spéciales), était formée par les trois sous-chapitres ci-après :

SOUS-CHAPITRE XXVI. — *Imposition spéciale votée en vertu de la loi du 21 mai 1836, pour travaux sur les chemins vicinaux.*

SOUS-CHAPITRE XXVII. — *Contingents communaux et souscriptions particulières pour travaux des chemins vicinaux de grande communication.*

SOUS-CHAPITRE XXVIII. — *Dépenses imputables sur les produits spéciaux non indiqués dans la loi du* 10 *mai* 1838.

Les divers sous-chapitres qui viennent d'être énumérés, et qui formaient les quatre premières sections du budget départemental de l'exercice 1839, comprenaient un nombre plus ou moins considérable d'articles de dépenses. Le détail, qui ne serait que la reproduction exacte du budget lui-même, ne saurait trouver ici sa place, attendu que ce n'est qu'un résumé sommaire de la loi de 1838, appliqué à la comptabilité départementale, que nous avons voulu présenter.

Du reste, le libellé de chaque sous-chapitre indique suffisamment la nature des diverses dépenses qui ont dû ou pu trouver place dans chacun d'eux.

Il convient maintenant d'indiquer les ressources destinées à faire face aux dépenses dont se composaient les quatre premières sections du budget départemental de 1839.

Les dépenses ordinaires de la première section étaient imputables : 1° Sur les centimes additionnels ordinaires laissés à la disposition du département (8 centimes 2/10 portant sur les contributions foncière et personnelle-mobilière) ; 2° Sur la part allouée dans le fonds commun affecté aux dépenses ordinaires (§ 2 de l'article 13 de la loi du 10 mai 1838) ; 3° Sur les produits éventuels énoncés aux §§ 6, 7 et 8 de l'article 10 de la même loi.

Les dépenses facultatives d'utilité départementale, formant la deuxième section étaient imputables : 1° Sur les centimes facultatifs imposés en vertu de la loi de finances (5 centimes portant sur les contributions foncière et personnelle-mobilière) ; 2° Sur le secours provenant du fonds commun affecté aux dépenses facultatives (2e alinéa de l'article 17 de la loi précitée) ; 3° Sur le produit des propriétés du département non affectées à un service départemental.

Les dépenses extraordinaires de la troisième section étaient imputables sur le produit : 1° des centimes extraordinaires imposés en vertu de lois spéciales et portant sur les 4 contributions ; 2° des emprunts départementaux également autorisés par des lois spéciales.

Les dépenses spéciales de la 4e section étaient imputables : 1° Sur les centimes spéciaux imposés en vertu de la loi de finances pour les chemins vicinaux (5 centimes portant sur les 4 contributions); 2° Sur les contingents communaux et souscriptions particulières affectés aux chemins vicinaux de grande communication; 3° Sur les produits éventuels spéciaux affectés à divers services publics.

Les quatre premières sections dont il vient d'être parlé ressortissaient au ministère de l'intérieur.

La cinquième section, qui figurait au budget départemental de l'exercice 1839, était relative aux dépenses ordinaires et obligatoires de l'instruction primaire, mises par la loi du 28 juin 1833 à la charge des départements. Ces dépenses étaient couvertes par le produit de 2 centimes, votés par le Conseil général, en exécution de la loi précitée et de la loi du budget des recettes. Cette section ressortissait au ministère de l'instruction publique.

Enfin, une sixième section, incombant au ministère des finances, avait place au budget de 1839. Elle concernait exclusivement les dépenses du cadastre qui étaient payées avec le produit des 3 centimes votés à cet effet.

La forme du budget départemental, que nous venons de faire connaître très-sommairement, ne subit aucune modification de 1839 à 1855 inclusivement. En 1856 seulement, eut lieu le premier changement.

Les dépenses du service des prisons, qui, jusqu'à cette époque, en vertu du § 6 de l'art. 12 de la loi de 1838, avaient formé le sous-chapitre VI en entier et partie du sous-chapitre XIV, cessèrent d'être à la charge du budget départemental pour passer à celui de l'État, en exécution de la loi de finances du 5 mai 1855 (1). Par suite, le nombre des sous-chapitres de

(1) Cette loi eut pour effet de procurer uue ressource de 50,000 fr. environ au département de l'Aveyron.

la première section fut réduit de 15 à 14, et celui des quatre sections de 28 à 27.

Cette modification est la seule qui ait été opérée au budget départemental jusques et y compris l'année 1867.

Quel fut le résultat de la loi de 1838 relativement à la situation financière, non-seulement de l'Aveyron, mais encore d'un grand nombre de départements? Il fut loin de répondre au but du législateur.

En effet, le travail préparatoire fait annuellement par le Ministre de l'intérieur pour la répartition du fonds commun (1) lui démontrait l'insuffisance des ressources mises par la loi à la disposition des Conseils généraux et de l'administration pour assurer les services départementaux. Chaque année cette insuffisance se révélait plus manifeste par suite de la difficulté d'équilibrer le budget, même en ajournant des dépenses indispensables et des travaux de la plus grande utilité.

Le gouvernement lui-même se préoccupait des moyens de remédier à un état de choses qui s'aggravait d'année en année, et dont les Conseils généraux s'étaient souvent émus. La question, portée devant le Sénat, avait été renvoyée à l'examen des Ministres des finances et de l'intérieur. Le Corps législatif, de son côté, l'avait discutée dans ses bureaux, et la commission du budget avait constaté l'opportunité d'une étude définitive.

En présence d'une aussi complète communauté de vues, le Ministre de l'intérieur, par une circulaire en date du 6 août 1863 adressée aux Préfets, posa diver-

(1) Les ressources du fonds commun provenaient du produit des 7 centimes additionnels portant sur les contributions foncière et personnelle-mobilière de tous les départements.

ses questions aux Conseils généraux, sur les ressources et les charges des budgets départementaux, ainsi que sur les moyens qu'ils jugeraient nécessaires d'employer pour y rétablir l'équilibre.

Le Conseil général de l'Aveyron, intéressé dans cette question, ne manqua pas de présenter ses observations, et, dans un rapport, remarquable à tous les points de vue, M. le vicomte de Bonald, si autorisé en la matière, s'exprimait ainsi (1) :

« ..... C'est surtout au point de vue de notre département et de sa situation financière que nous avons dû nous placer, mais sans nous interdire les aperçus généraux qui éclairent la question, et sans méconnaître que ce n'est pas au point de vue exclusif d'un département qu'on peut demander à l'État des solutions qui doivent s'appliquer à tous, et que, dès lors, notre intérêt ne doit pas être la règle unique de notre opinion.

« La loi du 10 mai 1838 a divisé en deux catégories les dépenses départementales. Dans la première, elle a rangé sous le nom de dépenses *ordinaires*, et il eût été peut-être plus juste de dire *obligatoires*, celles qu'elle considère comme étant d'un intérêt plutôt *général* que *départemental*, et elle donne au gouvernement le droit de les régler définitivement et d'y pourvoir dans le cas de négligence ou de refus des Conseils généraux. Dans la deuxième catégorie sont rangées toutes les dépenses qui ne sont pas expressément déclarées *ordinaires ;* elles prennent le nom de dépenses *facultatives*. Ce sont celles qui ont un caractère d'utilité plus spécialement *départementale* que *générale*. Aussi la loi du 10 mai 1838 a-t-elle voulu que dans les limites de cette 2e section, les départements fussent entièrement libres ; l'art. 18 ne permet pas même à l'autorité souveraine de *changer ni de modifier*, *par l'ordonnance qui règle le budget*, *les allocations portées dans cette section par le Conseil général* pour des dépenses d'utilité départementale. *Aucune dépense*, dit cet article, *ne peut être inscrite d'office dans cette 2e section.*

(1) Voir le volume des *Procès-Verbaux* des séances du Conseil général de la session de 1863, pages 275 à 294, séance du 28 août.

« Voilà le texte de la loi ; tel est son vœu formel. Or, la loi n'est pas exécutée, et, dans l'organisation actuelle des budgets départementaux, ne peut pas l'être ; et *les Conseils généraux,* nous dit le Ministre, *sont fondés à se plaindre de l'annulation de la plus importante peut-être de leurs prérogatives : le vote libre et réfléchi des dépenses facultatives d'utilité départementale.* Permettez-moi d'ajouter que si regrettable que soit cette annulation de notre prérogative, il y a ici quelque chose de bien plus grave : c'est ce fait d'une loi en vigueur forcément violée par l'État lui-même.

« Comment sommes-nous arrivés à cette situation ?

« La loi de 1838, en divisant les dépenses départementales, a créé, pour les ressources destinées à les couvrir, une division correspondante : des centimes *ordinaires,* fixés aujourd'hui, après des variations diverses, au nombre de 10 et 5/10 affectés à la 1re section, et des centimes *facultatifs* au maximum de 7 et 5/10, mais que le Conseil n'est pas obligé de voter en totalité, affectés aux dépenses facultatives, c'est-à-dire à la 2e section. De même que les dépenses *facultatives* n'existent que par la volonté des Conseils généraux, les centimes facultatifs dont ils *peuvent seuls disposer,* disait le rapporteur de la loi de 1838, n'existent que par leur vote libre.

« Mais la loi de 1838 contient deux dispositions qui en ont bouleversé l'économie, précisément dans les points où le législateur semblait avoir empreint sa pensée avec le plus de fermeté.

« D'une part, tout en refusant au gouvernement le droit d'inscrire d'office aucune dépense dans la 2e section, elle a laissé au Conseil général, par l'article 16, la faculté d'y porter lui-même des dépenses de la 1re section.

« D'autre part, en même temps qu'elle voulait que les dépenses de la 1re section fussent balancées par les ressources générales qu'elle y affectait, elle rangeait, par une contradiction manifeste, parmi ces dépenses, l'entretien des travaux neufs exécutés au moyen d'impositions extraordinaires et d'emprunts. Ces dépenses augmentant chaque jour, par leur nature même, en proportion de l'avancement des travaux neufs, et les centimes de la 1re section étant en nombre fixe et d'un produit très-peu variable, l'équilibre entre les dépenses et les ressources s'est trouvé bientôt détruit, et le déficit des ressources de la 1re section a dû augmenter annuellement. Il est aujourd'hui (en 1863) de plus de 7 millions, et pour le département de l'Aveyron, il dépasse 37,000 fr., d'après le projet de budget de 1864. Dans cette situation, qu'ont dû faire les Conseils généraux ? Sous peine de laisser en souffrance un service de la plus haute importance, ils ont dû user de la faculté que leur donne la loi de 1838, et mettre à la charge de la 2e section le déficit de la première, sacrifiant ainsi, eux-mêmes, leur prérogative à des intérêts de premier ordre.

« Ainsi la 1re section de nos budgets, soumise à l'action constante de la 3e, qui a le privilége de créer sans cesse des dépenses ordinaires à l'aide de travaux et de ressources extraordinaires, réagit à son tour sur la 2e et restreint la libre action des Conseils généraux, contrairement au vœu du législateur, dans des limites où elle ne peut presque plus se mouvoir.... »

Après avoir fait ressortir dans ce rapport l'insuffisance du fonds commun, notamment en ce qui concerne la part allouée au département de l'Aveyron, et après avoir passé en revue et discuté les diverses combinaisons soumises par le Ministre aux Conseils généraux en vue, non-seulement de remédier à la situation des ressources des budgets départementaux, mais encore pour « *donner plus de liberté d'action aux Conseils généraux* (1) » M. le vicomte de Bonald, au nom de la commission des finances, proposa, comme pouvant fournir les éléments d'une solution, en les combinant ensemble, les moyens suivants qui furent adoptés par l'assemblée départementale :

« 1° La révision des dépenses inscrites à la 1re section pour en faire disparaître toutes celles qui ont un caractère réel d'utilité générale, et les porter au budget de l'État (2) ;

(1) Circulaire du Ministre de l'intérieur du 6 août 1863.

(2) Les dépenses indiquées dans le rapport étaient : Les frais de parquet ; le mobilier des cours d'assises et des tribunaux ; le mobilier des préfectures et des sous-préfectures ; le casernement

« 2° Le rejet du service d'entretien des routes départementales dans une section spéciale, rattachée comme annexe au budget du ministère des travaux publics. Le Ministre en règlerait la dépense et y pourvoirait au moyen de centimes déterminés annuellement par le Corps législatif ;

« 3° Le remplacement du fonds commun par un fonds de secours pour les départements pauvres. La base de la répartition en serait arrêtée d'avance et une fois pour toutes ;

« 4° Le remaniement des budgets départementaux, la réunion des dépenses ordinaires aux dépenses facultatives, et la réduction du nombre des sections à deux dont l'une serait formée des 1re, 2e, 3e et 5e du budget actuel, et l'autre de la 4e, c'est-à-dire du service vicinal ;

« 5° Comme moyen extrême, et auquel on ne devrait recourir qu'en cas d'absolue nécessité, l'extension aux contributions des portes et fenêtres et des patentes des centimes départementaux, en prenant, le cas échéant, les mesures nécessaires pour dédommager les départements qui pourraient être lésés par cette combinaison. »

A la session de 1864, le même rapporteur proposa au Conseil général, au nom de la commission des finances, de demander instamment au gouvernement (1) :

« 1° La réforme des budgets départementaux par un remaniement des sections ;

« 2° La révision des dépenses inscrites à la 1re section pour en faire disparaître toutes celles qui ont un caractère bien marqué d'utilité générale et les porter au budget de l'État ;

« 3° La création de nouvelles ressources, notamment par un prélèvement opéré à leur profit sur tous les revenus indirects perçus dans le département. »

de la gendarmerie ; les grosses réparations et l'entretien des édifices affectés à des services généraux ; le chauffage et l'éclairage des corps-de-garde de la préfecture et les frais de route des voyageurs indigents.

(1) Voir le volume des *Procès-Verbaux* des délibérations du Conseil général de 1864, page 440, séance du 27 août.

Le Conseil général adopta les conclusions du rapport.

Enfin, dans sa session de 1865, la commission des finances, toujours par l'organe du même rapporteur, M. le vicomte de Bonald, proposa, après un lumineux exposé, le vœu suivant qui fut émis par le Conseil général (1) :

« ..... Qu'il soit fait une révision des dépenses mises à la charge des départements par la loi du 10 mai 1838, et que toutes celles qui ont un caractère d'utilité générale, et dont le vote ne constitue pas d'attributions sérieuses pour les Conseils généraux, soient reportées au budget de l'État. »

La révision des budgets départementaux, régis jusque-là par la loi de 1838, reconnue nécessaire par toutes les commissions extra-parlementaires, qui, successivement, étudièrent cette question, et, par les vœux émis et renouvelés par un grand nombre de Conseils généraux, déterminèrent le gouvernement et le décidèrent à présenter un nouveau projet de loi qui fut adopté par le Corps législatif le 23 mai 1866. Cette loi, approuvée par le Sénat dans sa séance du 8 juin, fut promulguée le 18 juillet 1866. Nous allons en faire connaître ci-après les dispositions financières et ses conséquences.

LOI DU 18 JUILLET 1866.

Par suite de l'application de cette nouvelle loi, le budget reçut une transformation radicale, à partir du 1er janvier 1868, époque à laquelle étaient exécutoires les dispositions financières.

En effet, le budget départemental, divisé jusque-là

(1) Voir le volume des *Procès-Verbaux* des délibérations du Conseil général de 1865, pages 393 à 402, séance du 25 août.

en six sections, ne comporta plus que deux divisions : *Budget ordinaire.* — *Budget extraordinaire* (1).

Chacun de ces budgets a été subdivisé en sous-chapitres dans lesquels les dépenses ont été groupées suivant leur importance et leur analogie. Cette classification était réclamée dans un intérêt d'ordre et de comptabilité.

Voici sommairement chacune des divisions et des subdivisions qui ont constitué le budget départemental à partir de 1868.

Budget ordinaire.

SOUS-CHAPITRE Ier. — *Dépenses obligatoires.*

Ce sous-chapitre était destiné à l'inscription des crédits votés pour les dépenses auxquelles l'article 10 de la loi conservait le caractère obligatoire en raison de l'intérêt général qu'elles présentaient.

Sous le régime de la loi du 10 mai 1838, les dépenses qui pouvaient donner lieu à une inscription d'office étaient nombreuses. La loi de 1866 les réduisit à trois, savoir :

1° Loyer et entretien des hôtels de préfecture et de sous-préfectures ;

2° Casernement ordinaire des brigades de gendarmerie ;

3° Loyer, mobilier et menues dépenses des cours et tribunaux et menues dépenses des justices de paix.

En cas d'omission au budget départemental d'un crédit suffisant pour faire face aux dépenses obligatoires ci-dessus énoncées, l'art. 10 de la loi de 1866 donnait au gouvernement le droit d'établir d'office une imposition spéciale portant sur les quatre contributions

(1) Article 6 de la loi du 18 juillet 1866.

directes. Le maximum en était fixé par la loi annuelle de finances, et si la contribution devait excéder ce maximum il était statué par une loi spéciale.

Les dépenses dont nous venons de parler étant les seules obligatoires, toutes les autres devenaient facultatives et se répartissaient dans les autres sous-chapitres dont le titre seulement est indiqué ci-après (1).

SOUS-CHAPITRE II. — *Propriétés départementales immobilières.*

SOUS-CHAPITRE III. — *Mobilier départemental.*

SOUS-CHAPITRE IV. — *Routes départementales.*

SOUS-CHAPITRE V. — *Chemins vicinaux.*

SOUS-CHAPITRE VI. — *Enfants assistés.*

SOUS-CHAPITRE VII. — *Aliénés.*

SOUS-CHAPITRE VIII. — *Asssistance publique.*

SOUS-CHAPITRE IX. — *Cultes.*

SOUS-CHAPITRE X. — *Instruction publique.*

SOUS-CHAPITRE XI. — *Archives départementales.*

SOUS-CHAPITRE XII. — *Encouragements aux lettres, aux sciences et aux arts.*

SOUS-CHAPITRE XIII. — *Encouragements à l'agriculture et à l'industrie.*

SOUS-CHAPITRE XIV. — *Subventions aux communes.*

SOUS-CHAPITRE XV. — *Cadastre.*

SOUS-CHAPITRE XVI. — *Dépenses diverses.*

SOUS-CHAPITRE XVII. — *Dettes départementales afférentes à des dépenses non obligatoires* (2).

(1) Le détail des dépenses qui peuvent être classées dans chaque sous-chapitre sera donné lorsqu'il sera question du budget établi en vertu de la loi du 10 août 1871.

(2) Les dettes départementales afférentes à des dépenses obligatoires étaient inscrites au sous-chapitre Ier.

Budget extraordinaire.

Sous-Chapitre XVIII. — *Dépenses imputables sur le produit de centimes extraordinaires.*

Sous-Chapitre XIX. — *Dépenses imputables sur fonds d'emprunt.*

Sous-Chapitre XX. — *Dépenses imputables sur les produits éventuels extraordinaires.*

En transmettant aux préfets les nouvelles formules du budget départemental, le Ministre de l'intérieur leur adressait aussi, à la date du 29 juillet 1867, une circulaire très-détaillée contenant les instructions relatives à la préparation de ce document en exécution de la loi du 18 juillet 1866. Voici un extrait de cette circulaire :

« Le Conseil général reconnaîtra sans doute que le nouveau cadre répond mieux que le précédent aux divers besoins du service. Le budget départemental est à la fois simplifié et complété : les six sections spéciales qui le constituaient autrefois disparaissent avec leurs inévitables complications, et, en même temps, les services laissés en dehors du budget y reprennent leur place normale. Toutes les recettes du département et toutes les dépenses y figureront désormais, et le premier résultat de cette classification sera de mettre le Conseil général en mesure d'apprécier plus exactement les charges ordinaires et extraordinaires du département et les ressources dont il dispose pour faire face à tous les intérêts dont la gestion lui est confiée. Dans sa forme nouvelle, le budget départemental permet aux Conseils généraux d'exercer toutes les attributions que la loi leur a accordées. »

Examinons maintenant les ressources que la loi du 18 juillet 1866 mettait à la disposition des départements.

Nous reproduisons à cet égard les termes de la circulaire précitée du 29 juillet 1867 :

« Les recettes du budget ordinaire sont énumérées par l'article 6 de la loi du 18 juillet 1866. Elles se composent du montant des centimes dont le maximum est fixé chaque année par la loi de finances et des produits éventuels afférents aux dépenses ordinaires.

« Le maximum des centimes à inscrire en recette au budget ordinaire de 1868 est fixé par la loi de finances à 25 centimes (1) portant sur les deux premières contributions directes, plus un nouveau centime additionnel au principal des quatre contributions. Ces ressources s'augmentent des centimes spéciaux afférents aux chemins vicinaux (loi du 21 mai 1836), dont le nombre est porté de 5 à 7 ; des centimes spéciaux affectés à l'instruction primaire (lois du 15 mars 1850 et du 10 avril 1867), dont le nombre est porté de 2 à 3. Ces centimes, spéciaux aux chemins vicinaux et à l'instruction primaire, portent sur les quatre contributions directes. »

La création de ces nouvelles ressources n'eut pas suffi pour remédier complètement aux inconvénients qui résultaient de la loi de 1838. Les recettes, quoique ayant considérablement augmenté, ne pouvaient encore suffire à équilibrer les dépenses ordinaires d'un certain nombre de départements. Cette situation était connue ; aussi le premier soin du législateur de 1866 fut d'y pourvoir par l'institution d'un fonds de 4 millions prélevé sur le budget de l'État et destiné à venir en aide aux départements les plus chargés. Ce fonds, institué par l'article 7 de la loi du 18 juillet 1866, n'était pas exclusivement applicable, comme le fonds commun, aux seuls services obligatoires, il était destiné à subvenir, concurremment avec toutes les autres ressources dont il vient d'être parlé, au paiement des dépenses comprises au budget ordinaire.

La répartition de ce fonds était réglée annuellement par un décret rendu en conseil d'État.

(1) Y compris les 7 centimes qui formaient autrefois le fonds commun.

En ce qui concerne les recettes du budget extraordinaire, le Ministre de l'intérieur s'exprimait ainsi dans la circulaire précitée du 29 juillet 1867 :

« Les centimes extraordinaires sont, d'une part, ceux que le Conseil général est autorisé à recouvrer en vertu de la loi du 18 juillet 1866 et dont le maximum est fixé à 12 pour 1868, et, d'autre part, ceux dont la perception a été autorisée par des lois spéciales en sus du maximum indiqué. »

La 2e ressource extraordinaire dont pouvait disposer le Conseil général consistait dans le produit des emprunts.

Aux termes de la loi du 10 mai 1838 (Art. 34), tout emprunt départemental était subordonné à une loi. Cette disposition fut profondément modifiée par la loi du 18 juillet 1866. D'après l'art. 2 § 2 de cette loi, les Conseils généraux eurent le droit de voter des emprunts sans qu'il fut nécessaire de recourir à la sanction législative ; mais deux conditions étaient exigées pour la réalisation de ces emprunts : il fallait, d'une part, que la durée de l'opération n'excédât pas douze ans ; d'autre part, que le remboursement du capital emprunté fut assuré sur les ressources ordinaires ou extraordinaires du département emprunteur. En dehors de cette double condition, une loi spéciale était nécessaire.

Enfin, la troisième et dernière ressource extraordinaire qui pouvait trouver place au budget départemental consistait dans les produits éventuels déterminés par l'article 6 de la loi précitée. Ils se composaient : 1° du produit des biens aliénés ; 2° des dons et legs ; 3° du remboursement des capitaux exigibles ; 4° des recettes accidentelles.

Le budget départemental régi, à partir de 1868,

par la loi de 1866, n'eut à subir, dans sa forme ni dans ses dispositions financières, aucune modification jusques et y compris l'année 1871.

Il doit être fait mention toutefois que, conformément à un avis émis par le Conseil d'Etat, le 11 juillet 1866, les dépenses afférentes aux frais d'inspection des pharmacies et des magasins de droguistes, ainsi que la recette qui y correspondait, cessèrent d'être inscrites, à partir de l'exercice 1868, au budget départemental pour passer au budget du ministère de l'agriculture, du commerce et des travaux publics.

Quel fut l'effet de la loi de 1866 en ce qui concerne les avantages financiers qu'elle devait procurer aux départements?

On peut répondre que ces avantages furent considérables pour ceux de ces départements qui, sous le régime de la loi de 1838, n'avaient aucune part sur le fonds commun ou qui ne recevaient qu'une subvention inférieure au produit des 7 centimes servant à former ce fonds commun, puisque, aux termes de l'article 6 de la loi de 1866, le produit des 7 centimes dont il s'agit était laissé à la libre disposition des départements.

Celui de l'Aveyron, au contraire, vit ses ressources diminuer par suite de l'application de la nouvelle loi au budget de l'exercice 1868. En effet, les 7 centimes laissés à sa disposition avaient produit, pour ladite année, en chiffre rond, ci........... 124.350 »»

La part qui lui fut dévolue sur le fonds de 4,000,000 créé en vertu de l'art. 7 de la loi, s'éleva à........... 60.000 »»

Total *à reporter*......... 184.350 »»

Report...........	184.350 »»
Cette somme, comparée à celle qu'il avait obtenue l'année précédente et qui était de...........................	185.000 »»
s'est trouvée inférieure de...........	650 »»

à celle qui lui avait été accordée sous le régime de la loi de 1838.

La part du département de l'Aveyron qui, ainsi que nous venons de le dire, avait été de 60,000 fr. en 1868, descendit à 59,659 fr. 50 c. pour l'année suivante et à 59,000 fr. pour chacune des années 1870 et 1871.

Le secours accordé par l'État sur le fonds de 4,000,000 suivait donc une progression décroissante, alors que les dépenses du budget ordinaire augmentaient dans de notables proportions, par suite principalement de nouvelles parties de routes qui étaient construites et qu'il y avait lieu d'entretenir.

La loi du 5 mai 1869 apporta bien une légère amélioration dans la situation financière du département, puisqu'elle eut pour effet de mettre à la charge de l'État le traitement de l'Inspecteur des enfants assistés ainsi que ses frais de tournées, mais cette mesure, générale pour tous les départements de France, ne constituait pas un avantage spécial à l'Aveyron.

La conclusion qui nous paraît pouvoir être déduite de ce qui précède, c'est que la loi de 1866 n'a pas été plus favorable au département de l'Aveyron que celle de 1838, parce que la subvention accordée par l'État à ce département n'a jamais été en proportion de ses besoins et de ses charges.

Nous venons d'examiner aussi sommairement que possible la loi de 1866, appliquée pour la première fois au budget départemental de l'exercice 1868, dont la forme ni la disposition n'ont subi aucune modification jusqu'en 1872.

Nous allons étudier celle qui nous régit actuellement, concurremment avec les dispositions non abrogées des lois antérieures.

LOI DU 10 AOÛT 1871.

Les attributions conférées aux Conseils généraux et aux Commissions départementales par la loi du 10 août 1871 ont restreint d'une manière sensible les pouvoirs de l'autorité préfectorale ; mais elles ont eu pour résultat de donner aux membres de ces assemblées l'expérience féconde des affaires et de les initier aux devoirs ainsi qu'à la pratique des fonctions publiques.

Cette loi, en ce qui concerne la partie financière, a reçu son application, pour la première fois, au budget départemental de l'exercice 1872.

Ce document est resté divisé en deux parties : *Budget ordinaire* et *Budget extraordinaire*.

Le budget ordinaire ne comprend plus que 16 sous-chapitres au lieu de 17 dont il se composait précédemment. Le sous-chapitre III, exclusivement affecté au service du mobilier de la préfecture, des sous-préfectures et du service départemental de l'instruction publique, facultatif sous le régime de la loi du 18 juillet 1866, constitue désormais une dépense obligatoire et figure à ce titre au sous-chapitre Ier. Quelques autres articles ont disparu de divers sous-chapitres pour s'ajouter à la nomenclature des dépenses obligatoires. Ce sont ceux relatifs à l'entretien des bâtiments occupés par les tribunaux et ceux concernant les frais d'impression et de publication des listes pour les élections consulaires et les frais d'impression des cadres pour la formation des listes électorales et des listes du jury.

D'après un avis du Conseil d'État, en date du 11 mars 1875, adopté par les Ministres de la guerre et de l'intérieur, l'indemnité de literie, accordée en vertu de l'article 210 du décret du 18 février 1863, aux militaires nouvellement admis dans la gendarmerie départementale, a été classée comme dépense obligatoire et doit, par conséquent, figurer au sous-chapitre Ier.

Cette indemnité, qui est fixée à 30 fr. par homme et par an, est allouée pendant deux ans à compter du jour de l'arrivée à la compagnie.

Le budget extraordinaire est formé des sous-chapitres XVII à XIX inclusivement.

Nous allons entrer maintenant dans les détails du budget départemental.

Pour rendre ce travail aussi clair que possible et afin que les personnes les moins familiarisées avec un document de cette nature puissent en saisir le mécanisme, nous avons cru nécessaire d'entrer dans des développements qui, certainement, paraîtront une superfluité à celles versées en la matière, mais qui sont indispensables pour celles qui en ignorent même les premiers éléments.

Nous indiquerons d'abord les dépenses qui doivent trouver place dans chaque sous-chapitre. Ce travail de classement nous sera facilité par le cadre de budget adressé par le Ministre de l'intérieur.

Nous rappellerons la date des lois, décrets, ordonnances, circulaires ministérielles, arrêtés ou règlements, etc., en vertu desquels la plus grande partie des dépenses a été mise à la charge des départements.

Nous ferons connaître ensuite les diverses ressources qui concourent au paiement de ces dépenses.

Lorsqu'il y aura lieu, des explications suivront chaque sous-chapitre.

Le budget du département est préparé et présenté par le Préfet, qui est tenu de le communiquer à la Commission départementale, avec les pièces à l'appui, dix jours au moins avant l'ouverture de la session d'août. Le budget, délibéré par le Conseil général, est définitivement réglé par décret (1).

Budget ordinaire.

DÉPENSES.

SOUS-CHAPITRE Ier. — *Dépenses obligatoires.*

Les dépenses qu'il y a lieu d'inscrire dans ce sous-chapitre, en vertu de l'art. 60 de la loi du 10 août 1871, sont les suivantes :

Loyer, mobilier et entretien des hôtels de préfecture et de sous-préfectures, du local nécessaire à la réunion du Conseil départemental de l'instruction publique et du bureau de l'Inspecteur d'académie. — Casernement ordinaire des brigades de gendarmerie. — Indemnité de literie aux militaires admis dans la gendarmerie. — Loyer, entretien, mobilier et menues dépenses des cours d'assises, tribunaux civils et de commerce, et menues dépenses des justices de paix. — Frais d'impression et de publication des listes pour les élections consulaires, frais d'impression des cadres pour la formation des listes électorales et des listes du jury.

(1) Loi du 10 août 1871, art. 57.

Les dettes contractées pour l'un ou l'autre des services qui viennent d'être énumérés, doivent être inscrites au sous-chapitre Ier.

Prévoyant le cas où un Conseil général omettrait de voter ces dépenses, ou n'y affecterait qu'un crédit insuffisant, l'article 61 de la loi de 1871 donne au Gouvernement le droit et le moyen d'y pourvoir par l'établissement d'une imposition spéciale, portant sur les quatre contributions directes et établie par un décret, si elle est dans les limites du maximum fixé annuellement par la loi de finances, ou par une loi, si elle doit excéder ce maximum.

En dehors des dépenses ci-dessus énumérées toutes les autres sont facultatives et se répartissent dans les divers sous-chapitres du budget suivant leur spécialité.

SOUS-CHAPITRE II — *Propriétés départementales immobilières.*

Les dépenses à comprendre à ce sous-chapitre sont celles ci-après :

Réparations aux bâtiments des hôtels de préfecture et de sous-préfectures, des tribunaux, des prisons, des casernes de gendarmerie, enfin, de tous les immeubles appartenant au département. — Entretien de ces mêmes bâtiments. (Sont exceptés les hôtels de préfecture et de sous-préfectures ainsi que les tribunaux dont la dépense d'entretien est obligatoire pour le département et doit, par conséquent, figurer au sous-chapitre Ier). — Acquisition, construction, échange de propriétés immobilières. — Établissement thermal appartenant au département. — Pépinière départementale. — Honoraires de l'Architecte sur les travaux crédités au budget ordinaire. — Traitement de l'Architecte en chef du département et de ses adjoints. —

Assurance des bâtiments départementaux contre les risques de l'incendie (1). — Contributions dues par les propriétés du département. — Chauffage et éclairage des bâtiments départementaux. — Frais d'illumination des édifices, les jours de fêtes publiques.

SOUS-CHAPITRE III. — *Routes départementales.*

Ce sous-chapitre est divisé en deux paragraphes. Le premier est exclusivement destiné aux dépenses d'entretien. Chaque route, indiquée séparément, reçoit une dotation spéciale qui ne peut être modifiée que par un vote du Conseil général approuvé par décret.

Le tableau ci-après, extrait du modèle de budget départemental donné par le Ministre de l'intérieur, fera connaître suffisamment, outre les détails qu'il y a à fournir pour chaque route, la nature des travaux qui constituent des dépenses d'entretien.

NUMÉROS DES articles.	NUMÉROS D'ORDRE des routes.	DÉSIGNATION DE CHAQUE ROUTE conforme à l'ordonnance, au décret ou à la délibération qui en a prononcé le classement.	LONGUEUR totale en mètres.	LONGUEUR à l'état d'entretien.	LONGUEUR en construction	LONGUEUR en lacune.	ÉVALUATION DE LA DÉPENSE de l'année.	
							Travaux. (A)	cantonniers. etc. (B)

(1) Circulaire du Ministre de l'intérieur du 5 mai 1852.

(A) Entretien et réparations ordinaires de chaque route et des ouvrages d'art qui en font partie.

(B) Salaires des cantonniers, ouvriers supplémentaires et indemnités de terrain, de dommages ou d'extraction de matériaux, pour chaque route.

Le deuxième paragraphe est affecté à l'inscription des crédits pour construction, grosses réparations, travaux neufs et amélioration des routes départementales. Dans ce paragraphe doivent être également portés les articles ci-après :

Réserve pour travaux imprévus des susdites routes. — Traitements, salaires et frais de déplacement des Conducteurs et autres agents attachés au service des routes. — Dépenses diverses : § 1er Loyers de bâtiments ou de terrains, secours à des ouvriers blessés. § 2 Frais de levé de plans, d'expertise et de recherche de matériaux. — Indemnités proportionnelles à accorder aux Ingénieurs (1). — Indemnités extraordinaires pour les Ingénieurs et Conducteurs (2). — Frais de poursuites pour contraventions en matière de roulage sur les routes départementales (3).

La loi du 18 juillet 1866 avait réservé aux Ingénieurs des ponts et chaussées la construction et l'entretien des routes départementales. C'est encore là une des restrictions que supprime la loi du 10 août 1871.

(1) En vertu des dispositions contenues dans les circulaires du Ministre de l'intérieur en date des 12 juillet 1817 et 20 août 1846, il est alloué aux Ingénieurs des ponts et chaussées des indemnités proportionnelles, réglées au taux de 4 p. 0/0 pour les premiers 40,000 fr. et de 1 p. 0/0 sur le reste de la somme dépensée en travaux. Ne donnent pas lieu à une indemnité proportionnelle les dépenses faites pour traitement des Conducteurs, etc., ni celles énumérées au § 1er des dépenses diverses, pas plus que les indemnités extraordinaires et les frais de poursuites pour contraventions en matière de roulage.

(2) Les indemnités extraordinaires en faveur des ingénieurs et des Conducteurs, votées par le Conseil général, à raison de l'importance des travaux des routes départementales, sont réparties par le Ministre des travaux publics sur la proposition du Préfet. (Circulaire du Ministre de l'intérieur du 20 août 1846).

(3) Loi du 30 mai 1851.

La disposition finale du § 6 de l'article 46 laisse au Conseil général le soin de statuer sur la désignation du service auquel doivent être confiées la direction et la surveillance des travaux des routes.

Nous devons rappeler ici que par décision du Président de la République en date du 20 décembre 1849, prise à la suite d'un rapport qui lui fut fait par le Ministre de l'intérieur, le mandatement de toutes les dépenses du service des routes départementales fut confié aux ingénieurs en chef des ponts et chaussées, à partir du 1er janvier 1850. Aucune décision contraire n'étant intervenue jusqu'en 1875, ces fonctionnaires restent chargés de ce soin.

Sous-Chapitre. IV. — *Chemins vicinaux, chemins de fer d'intérêt local.*

Ce sous-chapitre, comme le précédent, est divisé en deux paragraphes.

Au premier figurent, savoir : Dépenses des chemins de grande communication et d'intérêt commun. — Subvention pour les travaux des chemins ordinaires. — Subvention aux communes pour le remboursement d'emprunts contractés à la caisse des chemins vicinaux. — Réserve pour travaux imprévus. — Traitement des Agents-voyers. — Frais de poursuites pour contraventions en matière de roulage sur les chemins vicinaux (1). — Dépenses diverses. — Dépenses des chemins ordinaires imputables sur les contingents communaux. (Loi spéciale du). — Dépenses d'intérêt collectif imputables sur les contingents communaux pour le service des trois catégories de lignes vicinales.

(1) Loi du 30 mai 1851.

C'est au Conseil général qu'il appartient de fixer, sur les ressources dont il dispose, les crédits destinés aux travaux de chacun des chemins vicinaux de grande communication et d'intérêt commun, ainsi que ceux des autres dépenses ci-dessus énumérées.

Le paragraphe 2 du sous-chapitre IV est destiné à l'inscription des dépenses des chemins de fer d'intérêt local autorisés par la loi du 12 juillet 1865.

Des instructions très-détaillées, pour l'exécution de cette loi, sont contenues dans une circulaire du Ministre de l'intérieur en date du 12 août 1865. Nous nous bornerons à rappeler ici celles adressées aux Préfets, le 8 octobre 1871, à l'occasion de l'exécution de la loi du 10 août précédent.

« Aux termes du § 12 de l'article 46 de la loi, le Conseil général statue définitivement sur la direction des chemins de fer d'intérêt local, le mode et les conditions de la construction de ces lignes, les dispositions et les traités destinés à en assurer l'exploitation. Ce paragraphe n'a point pour effet d'abroger la loi spéciale du 12 juillet 1865. Il est douteux qu'un chemin de fer d'intérêt local puisse être établi sans qu'il soit nécessaire d'acquérir des terrains par voie d'expropriation : l'entreprise devra donc être déclarée d'utilité publique, et, à ce point de vue, il sera indispensable de recourir à un décret. En outre, comme l'État intervient dans l'opération par une subvention fixée au quart, au tiers ou à la moitié de la dépense, suivant le produit du centime dans le département, le Gouvernement aura toujours le droit d'examiner le contrat de concession et les conditions du cahier des charges, et, par suite, de refuser son adhésion.

« Les dispositions du § 12 ne sauraient donc être appliquées que dans des cas exceptionnels et qu'autant que le Conseil général, renonçant à toute subvention de l'État, ouvrirait la voie ferrée sur des terrains dont la concession aurait été opérée à l'amiable. »

Sous-Chapitre V. — *Enfants assistés.*

Les dépenses du service des enfants assistés ont été divisées, par la loi du 5 mai 1869, en deux catégories : *Dépenses intérieures* et *Dépenses extérieures*.

Les dépenses intérieures comprennent : les frais occasionnés par le séjour des enfants à l'hospice ; — les dépenses de nourrices sédentaires ; — les layettes.

Les dépenses extérieures comprennent : les secours temporaires destinés à prévenir ou à faire cesser l'abandon ; — le prix de pension et les allocations réglementaires ou exceptionnelles concernant les enfants placés à la campagne ou dans les établissements spéciaux ; — les primes aux nourriciers ; — les frais d'école et les fournitures scolaires ; — les frais de vêture ; — les frais de déplacement, soit des nourrices, soit des enfants, et, au besoin, les frais relatifs à l'engagement des nourrices ; — les régistres et imprimés de toute nature, les frais de livrets et les signes de reconnaissance établis par les règlements ; — les frais de maladie et d'inhumation des enfants placés en nourrice ou en apprentissage, etc.

En ce qui concerne le service des enfants assistés, la loi du 10 août 1871 ne contient aucune innovation. Les dispositions de celle du 5 mai 1869 demeurent entières.

Aux termes du § 5 de l'article 5 de cette loi, un cinquième des dépenses intérieures est à la charge de l'État. Le Conseil général est autorisé, en vertu de la même loi (art. 5 § 4), à mettre à la charge des communes un cinquième des dépenses extérieures.

C'est à partir du 1er janvier 1870, époque à laquelle la loi du 5 mai 1869 a commencé à recevoir son exécution, que le traitement et les frais de tournées de l'Inspecteur ont été payés par l'État. Jusqu'à cette époque cette dépense avait été à la charge du département. Quant aux indemnités allouées aux employés pour le service des enfants assistés, les Conseils généraux sont libres de les maintenir; mais les départements en supportent les frais (1).

SOUS-CHAPITRE VI. — *Aliénés.*

Les seules dépenses qu'il y a lieu d'inscrire dans ce sous-chapitre sont : les frais d'entretien des aliénés; — les frais de transport et de nourriture en route des aliénés indigents qui appartiennent au département; et les frais d'inspection et de surveillance des aliénés placés au compte du département.

L'application de l'article 57, § 8 de la loi du 10 août 1871 a nécessité l'adoption d'un nouveau mode de comptabilité en ce qui concerne le service des aliénés. Le budget départemental fait maintenant recette du contingent payé par les communes pour ce service, de celui des familles et de l'indemnité que les hospices ont à fournir en exécution de la loi du 30 juin 1838 (art. 28 § 2). Ces ressources, versées autrefois au compte des cotisations municipales, formaient un fonds spécial destiné aux pensions des aliénés et les dépenses à payer sur ce fonds ne figuraient pas au budget départemental. Depuis l'application de la loi de 1871 elles constituent un des produits éventuels du budget ordinaire et le montant intégral des dépenses que ce service impose est porté au sous-chapitre VI.

Cette dépense conserve le caractère départemental

(1) Voir la circulaire du Ministre de l'intérieur en date du 3 août 1869, contenant des instructions très-détaillées pour l'exécution de la loi du 5 mai précédent.

que la loi du 30 juin 1838 lui a imprimé et c'est au Conseil général à déterminer la part que devront supporter les communes dans les frais d'entretien de leurs aliénés indigents, conformément aux prescriptions de l'article 28 de ladite loi.

Sous-Chapitre VII. — *Assistance publique.*

Les dépenses à classer dans le présent sous-chapitre sont nombreuses et diverses. Voici les principales :

Secours de route et frais de transport pour les voyageurs indigents (1). — Indemnité pour la propagation ou la conservation de la vaccine (2). — Secours aux sociétés maternelles. — Protection des enfants du premier âge (3). — Établissement des crèches. — Subvention aux sociétés de secours mutuels (4). — Subvention à la caisse des retraites de la vieillesse (5). — Bureau d'assistance judiciaire (6). — Subvention pour contribuer aux dépenses ordinaires du dépôt de mendicité, maison de refuge, de secours ou hospice départemental pour les indigents. — Secours aux malades indigents. — Secours pour le traitement des indigents attaqués de maladies syphilitiques ou psoriques (7). — Entretien de sourds-muets dans une institution spéciale (8). — Entretien de jeunes aveugles. — Service des médecins cantonaux. — Achat de médicaments pour les malades indigents. — Subvention pour l'établissement de fourneaux économiques. — Subvention

(1) Circulaire du 1er mai 1867. (Intérieur).
(2) Circulaires du 26 mai 1803 et du 31 octobre 1814. (Intérieur).
(3) Loi du 23 décembre 1874.
(4) Décret du 26 mars 1852.
(5) Loi du 18 juin 1850.
(6) Loi du 22 janvier 1851.
(7) Circulaire du 20 août 1835. (Intérieur).
(8) Circulaire du 2 juin 1834. (Intérieur).

pour entretien des femmes enceintes indigentes. — Secours dans le cas d'extrême misère, de disette locale ou d'accident. — Secours aux prisonniers, aux œuvres de charité, aux orphelinats, etc., etc.

Les instructions relatives à l'exécution de la loi du 10 août 1871 ne contiennent aucune disposition particulière en ce qui concerne les dépenses qui précédent. Le Conseil général est libre d'en étendre la nomenclature comme aussi de modifier la nature de celles ci-dessus énoncées.

Sous-Chapitre VIII. — *Cultes.*

Le modèle du budget départemental ne porte pour ce service que les dépenses ci-après :

Indemnité à Mgr l'Archevêque, Mgr l'Évêque et autres membres du clergé (à désigner). — Secours au séminaire diocésain, à la maîtrise de la cathédrale, à des desservants âgés et infirmes. — Secours pour concourir aux frais des cultes protestant et israélite. — Secours à des ministres de ces cultes.

Quoique les dépenses qui précédent ne soient pas les seules que le Conseil général ait le droit d'inscrire au sous-chapitre VIII, elles résument cependant, à peu près, toutes celles qui peuvent y être classées.

Sous-Chapitre IX. — *Archives départementales.*

Les seules dépenses à porter à ce sous-chapitre sont celles relatives aux frais du personnel et du matériel des bureaux. Elles concernent, savoir :

Appointements du Conservateur des archives et des employés auxiliaires. — Dépouillement extraordinaire des archives ; achat de cartons ; établissement de tablettes ; frais de reliure ; frais de chauffage ; fournitures de bureau, etc. — Acquisition de documents intéressant les archives. — Publication de l'inventaire (1). — Inspection des archives communales.

Sous-Chapitre X. — *Encouragements aux lettres, aux sciences et aux arts.*

Pour ce qui concerne les dépenses à classer dans ce sous-chapitre, nous indiquerons seulement les plus importantes. Elles suffiront pour fixer les personnes qui ont à s'occuper de la formation du budget départemental, sur la nature de celles qui peuvent être ajoutées à la nomenclature ci-après et qui doivent, par conséquent, être portées au sous-chapitre X. Ces dépenses sont :

Achat et reliure d'ouvrages d'administration pour la préfecture et les sous-préfectures. — Encouragement pour l'*Annuaire*, pour la statistique, pour la carte topographique et la carte géologique du département. — Souscription à des ouvrages (les désigner). — Subvention à la Société archéologique, à la Société des lettres, sciences et arts, à l'Institut des provinces de France, au Musée, à l'école de musique, à l'école de dessin, aux élèves peintres, sculpteurs et musiciens, etc. — Conservation de monuments historiques. — Souscription pour le monument à la mémoire de (désigner la personne). — Laboratoire de chimie. — Entretien d'élèves à l'école d'arts et métiers, à l'école centrale des arts et manufactures, à l'école polytechnique. — École des mineurs d'Alais (2). — École d'horlogerie de Cluses. — Service des observations météorologiques. — Élèves sages-femmes boursières

(1) Circulaire du 12 août 1861. (Intérieur).
(2) Ordonnance du 22 septembre 1843.

au cours d'accouchement (1). — Cours d'accouchement et traitement du professeur (2).

Sous-Chapitre XI. — *Encouragements à l'agriculture et à l'industrie.*

Parmi les encouragements que le Conseil général peut voter en faveur de l'agriculture et de l'industrie, et auxquels le sous-chapitre XI est exclusivement réservé, il faut citer ceux concernant : les chambres d'agriculture (3) ; la société d'agriculture ; la chaire d'enseignement ; la ferme-modèle ; les comices agricoles, l'achat de taureaux et de béliers ; les primes pour l'espèce bovine et ovine ; la culture des mûriers ; le curage des cours d'eau ; la pisciculture ; le drainage ; les irrigations ; le reboisement des montagnes (4) ; les courses de chevaux ; l'élève des chevaux ; le dépôt des remontes ; l'école de dressage ; l'école d'équitation, etc.

Les dépenses suivantes sont aussi classées dans ce sous-chapitre : Encouragement aux artistes vétérinaires. — Entretien d'élèves aux écoles vétérinaires d'Alfort, de Lyon ou de Toulouse. — Mesures contre les épizooties. — Primes pour la destruction des animaux nuisibles. — Concours régional, etc.

Sous-Chapitre XII. — *Subventions aux communes.*

Voici le détail des subventions qui peuvent être accordées aux communes, tel qu'il se trouve dans le modèle de budget fourni par le Ministre de l'intérieur :

Subvention pour établissement de pompes à incendie (5). — Subvention pour le service des secours et

(1) Circulaire du 28 juillet 1802. (Intérieur).
(2) Circulaire du 5 mars 1829. (Intérieur).
(3) Décret du 25 mars 1852.
(4) Loi du 28 juillet 1860.
(5) Circulaire du 20 août 1835. (Intérieur).

pensions aux sapeurs-pompiers (1). — Subvention pour les caisses d'épargne. — Subvention pour les caisses d'épargne scolaires (2). — Subvention pour le traitement des malades et incurables indigents des communes privées d'établissements hospitaliers (3). — Subvention pour les écoles secondaires de médecine et de pharmacie. — Subvention pour les bibliothèques communales. — Subvention pour acquisitions, travaux et réparations d'églises et presbytères, de mairies ou autres édifices communaux, autres que les écoles primaires. — Subvention pour les ateliers de charité. — Subvention pour établissement de lignes télégraphiques.

Cette énumération ne reproduit pas les subventions de toute espèce qui peuvent être accordées aux communes; le Conseil général peut, dans la limite des ressources dont il dispose, accorder telles subventions ou voter telles dépenses qu'il juge convenables.

SOUS-CHAPITRE XIII. — *Dépenses diverses.*

L'intitulé de ce sous-chapitre indique suffisamment que les dépenses à y porter peuvent être nombreuses et n'avoir aucune corrélation entre elles. Toutes celles que leur nature ne permet pas de classer dans les sous-chapitres I à XII ou XIV, XV et XVI du budget ordinaire, doivent nécessairement figurer au sous-chapitre XIII dont il est question en ce moment.

Voici les principales :

Part contributive du département dans la dépense des travaux exécutés par l'État, et qui intéressent le département. — Loyer des prisons et des dépôts de

(1) Loi du 5 avril 1851.

(2) Circulaire du 1er octobre 1875. (Intérieur).

(3) Loi du 7 août 1851.

sûreté. — Portion à la charge du département dans les frais de confection des tables décennales de l'état civil (1). — Reliure des actes de l'état civil déposés aux greffes des tribunaux. — Dépenses du conseil de salubrité. — Mesures contre les épidémies (2). — Indemnité au Conservateur du mobilier départemental. — Frais d'impression : 1° du procès-verbal des délibérations du Conseil général, des rapports de la Commission départementale et du Préfet; 2° des budgets et des comptes départementaux ; 3° du procès-verbal des délibérations des Conseils d'arrondissement et des rapports des Sous-Préfets ; 4° des cartes d'électeurs ; 5° impressions diverses (travaux d'intérêt départemental, etc.). — Indemnité de logement au Secrétaire-général de la préfecture. — Secours à d'anciens employés ou à leurs familles (les désigner). — Subvention à la caisse départementale des retraites. — Indemnités aux employés de la préfecture pour travaux extraordinaires. — Subvention à raison de l'insuffisance du fonds d'abonnement. — Gratifications pour belles actions. — Avances pour travaux d'intérêt public à la charge des particuliers (3). — Service des emprunts départementaux. — Salaire des gens de service de la préfecture. — Frais de bureau de la Commission départementale. — Frais de rédaction du compte-rendu sommaire des délibérations du Conseil général. — Traitement du Greffier du Conseil de préfecture. — Réserve pour dépenses diverses et imprévues (4), etc., etc.

(1) Décret du 20 juillet 1807.
(2) Circulaire du 13 avril 1835. (Intérieur.)
(3) Circulaire du 6 août 1857. (Intérieur).
(4) Loi du 10 août 1871, article 63, § 3.

SOUS-CHAPITRE XIV. — *Dettes départementales.*

Les crédits à porter à ce sous-chapitre sont tous destinés à solder des dépenses faites dans le cours d'un exercice expiré et qui n'ont pu être comprises au budget de report ou au budget rectificatif, soit à cause de l'insuffisance des ressources, soit qu'elles n'aient été constatées qu'après l'approbation de ces deux documents.

Toutefois, les dettes afférentes à des dépenses facultatives, peuvent seules être inscrites au sous-chapitre XIV, celles ayant pour origine une dépense obligatoire devant figurer au sous-chapitre Ier, ainsi que cela a été dit plus haut.

SOUS-CHAPITRE XV. — *Instruction publique.*

Ce sous-chapitre est divisé en deux paragraphes.

Le premier, qui est afférent au ministère de l'intérieur, peut comprendre les dépenses ci-après : Frais de bureau de l'Inspecteur d'académie. — Traitement du Commis de l'Inspecteur. — Entretien de bourses dans les lycées et colléges. — Entretien d'élèves à l'école normale de Cluny. — Frais de publication du *Bulletin* de l'instruction publique. — Dépenses de l'instruction primaire imputables sur les ressources ordinaires, telles que : Frais de bureau des Inspecteurs primaires. — Encouragement et récompenses aux Instituteurs. — Indemnité pour tenue des cours d'adultes. — Achat de mobilier scolaire, etc.

Les crédits ci-dessus, inscrits au § 1er, sont mandatés au nom du Trésorier-payeur général qui les encaisse au compte des produits éventuels de l'instruction publique. Les dépenses sont ensuite payées sur les crédits ouverts à cet effet par ce ministère.

Le deuxième paragraphe comprend les allocations destinées aux dépenses de l'instruction primaire, imputables sur le produit des 4 centimes spéciaux, en exécution des lois des 15 mars 1850, 10 avril 1867 et 19 juillet 1875. Ces dépenses ne figurent que pour ordre au budget départemental et ne sont que le résumé du budget détaillé et spécial dont le règlement appartient au Ministre de l'instruction publique.

Sous-Chapitre XVI. — *Cadastre.*

Les départements qui n'ont pas terminé les opérations cadastrales peuvent profiter encore de la faculté accordée aux Conseils généraux par la loi du 2 août 1829, de voter une imposition portant sur la contribution foncière, dont le maximum est fixé par la loi annuelle de finances. L'Assemblée départementale peut même, en exécution de la loi du 7 août 1850 (art. 7), allouer, sur les ressources ordinaires du budget, une subvention pour la révision des opérations ou la conservation des matrices cadastrales. Les crédits votés devront s'inscrire au sous-chapitre XVI. Toutefois, le budget spécial du cadastre, dont ce sous chapitre n'est qu'un élément, doit être réglé par le Ministre des finances.

Nous venons d'indiquer, aussi complètement que possible, la nature des diverses dépenses que les Conseils généraux ont le droit de classer dans chacun des seize sous-chapitres dont se compose le budget ordinaire. Un intérêt d'ordre imposait une classification uniforme pour tous les départements. Aussi le commentateur des diverses lois, qui successivement ont régi la comptabilité départementale, s'est-il toujours appliqué à renfermer dans un même sous-chapitre toutes les dépenses ayant quelque analogie. Le relevé que nous en avons donné suffira pour faire reconnaître dans quelle catégorie doivent être classées celles non prévues et dont le nombre n'a d'autre limite que les ressources.

Nous allons examiner maintenant les recettes destinées à pourvoir aux dépenses du budget ordinaire; elles sont, à peu de choses près, celles-là mêmes que la loi de 1866 avait prévues. La loi du 10 août 1871 n'y a ajouté que deux produits éventuels nouveaux : le montant des droits afférents aux bacs et passages d'eau sur les routes et chemins à la charge du département, et les contingents applicables au service des aliénés.

Recettes du Budget ordinaire.

Aux termes de l'art. 58 de la loi de 1871, les recettes du budget ordinaire se composent :

1° Du produit des centimes ordinaires additionnels dont le nombre est fixé annuellement par la loi de finances;

2° Du produit des centimes autorisés pour les dépenses des chemins vicinaux et de l'instruction primaire par les lois des 21 mai 1836, 15 mars 1850 et 10 avril 1867 dont l'affectation spéciale est maintenue. (Voir page 52 : loi du 19 juillet 1875);

3° Du produit des centimes spéciaux affectés à la confection du cadastre par la loi du 2 août 1829;

4° Du revenu et du produit des propriétés départementales;

5° Du produit des expéditions d'anciennes pièces ou d'actes de la préfecture déposés aux archives;

6° Du produit des droits de péage, des bacs et passages d'eau sur les routes et chemins à la charge du département, des autres droits de péage et de tous autres droits concédés au département par les lois;

7° De la part allouée au département sur le fonds inscrit annuellement au budget du ministère de l'intérieur, et réparti, conformément à un tableau annexé à la loi de finances, entre les départements qui, en raison de leur situation financière, doivent recevoir une allocation sur les fonds généraux du budget;

8° Des contingents de l'État et des communes pour le service des aliénés et des enfants assistés, et de toute autre subvention applicable au budget ordinaire;

9° Du contingent des communes et autres ressources éventuelles pour le service vicinal et pour les chemins de fer d'intérêt local.

Ces diverses ressources, que la loi ne pouvait indiquer que très-sommairement, constituent la partie la plus difficile et la plus importante du budget départemental, et il convient de les énumérer ici dans tous leurs détails.

Lorsqu'il y aura lieu, nous ferons suivre chaque article de recette d'explications et renseignements puisés, pour la plupart, dans les instructions ministérielles. Nous indiquerons également, lorsque cela sera possible, la date des lois, ordonnances et arrêtés en vertu desquels chacun de ces articles constitue une ressource en faveur du département.

RESSOURCES APPLICABLES AUX DÉPENSES DU BUDGET ORDINAIRE ET AFFÉRENTES AU MINISTÈRE DE L'INTÉRIEUR.

1° *Centimes ordinaires* (1).

Le maximum des centimes additionnels dont le

(1) Loi du 10 août 1871, art. 40.

Conseil général peut disposer pour les dépenses ordinaires est fixé, chaque année, par la loi de finances. L'Assemblée départementale vote, dans la limite de ce maximum, la quotité de centimes dont elle entend doter le budget de l'exercice. Ce vote est indispensable. Les agents des contributions directes ne pourraient mettre en recouvrement un impôt que le Conseil général n'aurait point voté.

Le décompte des centimes additionnels ordinaires départementaux est établi au moyen du principal des contributions foncière, personnelle-mobilière et des portes et fenêtres, dont le montant est fixé chaque année par la loi de finances, et au moyen du principal des patentes qui ne peut être prévu qu'approximativement, cette contribution étant un impôt de quotité (1). Le principal fictif des bois de l'État concourt également pour déterminer le montant des centimes ordinaires.

La somme totale de ces produits, inscrite en recette sous le titre de : *Centimes ordinaires*, est destinée au paiement des dépenses du budget ordinaire.

2° *Centimes imposés d'office.*

L'article 61 de la loi du 10 août 1871, mentionné ci-après, explique la destination du produit des centimes imposés d'office.

« Si un Conseil général omet d'inscrire au budget un crédit suffisant pour l'acquittement des dépenses obligatoires (sous-chapitre Ier), il y est pourvu au moyen d'une contribution spéciale, portant sur les quatre contributions directes, et établie par un décret, si elle est dans les limites du maximum

(1) L'impôt de quotité est celui dont les taxes résultent de l'application, à des éléments variables, de tarifs ou de quotités déterminés et dont, par conséquent, les produits ne peuvent être évalués d'avance que d'une manière approximative.

fixé annuellement par la loi de finances, ou par une loi, si elle doit excéder ce maximum. »

3° *Centimes applicables au service vicinal* (1).

Le maximum des centimes ordinaires que le Conseil général peut voter pour le service vicinal est fixé tous les ans par la loi de finances.

4° *Produits éventuels du budget ordinaire.*

Les produits éventuels constituent un élément important dans les recettes du budget ordinaire. En voici la nomenclature divisée en six paragraphes; cette nomenclature n'a d'ailleurs rien de limitatif, et des recettes imprévues pourront y être introduites et groupées d'après leur analogie, avec celles énumérées à chacun desdits paragraphes dont suit le détail :

§ 1er *Revenus des propriétés départementales* (2).

Ces revenus consistent, savoir ; Loyer de terrains et de bâtiments. — Intérêts de capitaux et arrérages de rentes appartenant au département. — Revenus de la pépinière départementale. — Revenus d'établissements d'eaux minérales. — Vente d'arbres abattus ou élagués. — Vente de chevaux, taureaux, etc. — Vente de cartes topographiques et de l'inventaire des archives, etc. etc.

§ 2. *Produit des expéditions d'anciennes pièces ou d'actes de la préfecture, déposés aux archives* (3).

§ 3. *Produits des droits de péage et des autres droits concédés au département* (4).

La loi du 10 août 1871 dispose (art. 46, § 13) que

(1) Loi du 10 août 1871, articles 58 et 60.
(2) Loi du 10 août 1871, art. 58, § 4.
(3) Loi du 10 août 1871, art. 58, § 5.
(4) Loi du 10 août 1871, art. 58, § 6.

le Conseil général statue définitivement sur l'établissement et l'entretien des bacs et passages d'eau sur les routes et chemins à la charge du département, ainsi que sur la fixation des tarifs de péage, et attribue au budget départemental les recettes afférentes à cette partie du service.

En conséquence, les articles à classer au § 3 sont : Bacs et passages d'eau situés sur les routes départementales et les chemins vicinaux. — Péages sur les routes départementales et les chemins vicinaux (1). — Amendes pour contraventions en matière de roulage (2). — Amendes et confiscations affectées au service des enfants assistés (3).

§ 4 *Subventions pour les dépenses du budget ordinaire*, savoir :

Subvention allouée sur les fonds de l'Etat en vertu de la loi du 10 août 1871, art. 58, § 7 (4). — Subvention de l'État pour le service des enfants assistés (5). — Fondations, dons et legs spéciaux au profit des enfants assistés. — Contingent des communes pour le même service (6). — Contingent des commu-

(1) Lois du 14 floréal, an X, et du 11 juin 1859.

(2) Loi du 30 mai 1851.

(3) Arrêté du 25 floréal, an VIII, ordonnance du 30 décembre 1823 et loi du 5 mai 1869.

(4) La loi du 18 juillet 1866 avait fixé à 4 millions de francs l'importance du fonds de subvention à accorder par l'État aux départements qui, en raison de leur situation financière, devaient recevoir une allocation ; celle du 10 août 1871 laisse à la loi de finances le soin d'en déterminer chaque année la quotité. (Circulaire du Ministre de l'intérieur du 8 octobre 1871).

(5) Loi du 5 mai 1869. (L'État contribue aux dépenses intérieures dans la proportion d'un cinquième).

(6) La loi du 5 mai 1869 autorise les Conseils généraux à mettre à la charge des communes le cinquième des frais du service extérieur. Ce maximum ne peut être dépassé. Les départements qui exonèreraient les communes de ce contingent s'exposeraient à voir

nes pour le service des aliénés (1). — Contingent des familles pour l'entretien de leurs aliénés (2). — Indemnité à fournir par les hospices pour les aliénés (3). — Subvention pour le logement des officiers de gendarmerie (4). — Subvention des départements,

diminuer leur part d'allocation dans le fonds de secours. (Circulaire du Ministre de l'intérieur du 3 août 1869).

La part contributive des communes du département de l'Aveyron dans la dépense des enfants assistés a été fixée, par arrêté préfectoral en date du 21 novembre 1864, ainsi qu'il suit :

A 1/40 pour celles qui ont 2,000 fr. de revenu ordinaire et au-dessus ;

A 1/50 pour celles qui ont de 1,000 fr. à 1,999 fr. ;

A 1/60 pour celles qui ont de 500 fr. à 999 fr. ;

A 1/70 pour celles ayant de 300 fr. à 499 fr. ;

Et enfin à 1/80 pour celles ayant moins de 300 fr.

Les bases déterminées par cet arrêté ont été approuvées par le Conseil général dans sa séance de 27 août 1869 et aucune modification n'y a été apportée jusqu'en 1875.

(1) La loi du 30 juin 1838 n'a pas fixé la proportion du concours à exiger des communes dans les frais d'entretien de leurs aliénés indigents ; il a été réservé au Conseil général de la déterminer. Voici la base adoptée, dans la session de 1875, en ce qui concerne le département de l'Aveyron :

Les communes qui ont plus de 50,000 fr. de revenu ordinaire paient 1/4 de la dépense ; celles qui ont de 20,000 à 49,999 fr. paient 1/5 ; celles qui ont de 5,000 à 19,999 fr. paient 1/6 ; celles qui ont de 500 à 4,999 fr. paient 1/7 ; celles qui ont de 400 à 499 fr. paient 1/8 ; celles qui ont de 300 à 399 fr. paient 1/9 ; enfin, celles qui ont moins de 300 fr. paient 1/10. Cette base est conforme à celle indiquée par le Ministre de l'intérieur dans une circulaire en date du 5 août 1839.

(2) La dépense des aliénés est exclusivement à leur charge, tant que leurs ressources peuvent y suffire, et, à défaut, à la charge de ceux auxquels il peut être demandé des aliments aux termes des articles 205 et suivants du Code civil. (Circulaire du Ministre de l'intérieur du 5 août 1839).

(3) Les hospices sont tenus de payer une indemnité proportionnée au nombre des aliénés dont le traitement est à leur charge et qui sont placés dans un établissement spécial. (Voir la loi du 30 juin 1838, art. 28 § 2, et la circulaire précitée du 5 août 1839).

(4) Une indemnité est accordée, sur les fonds du ministère de la

des communes, etc., pour contribuer au paiement des dépenses de travaux qui les intéressent, tels que ceux relatifs à la construction d'une route, d'un pont, d'un édifice, etc., etc.

§ 5. *Ressources éventuelles du service vicinal et des chemins de fer d'intérêt local.*

CHEMINS VICINAUX DE GRANDE COMMUNICATION.

Subvention de l'État (1). — Contingent et offre des communes, souscriptions particulières, subventions industrielles, bacs et passages d'eau (2).

guerre, aux départements qui logent les officiers de gendarmerie dans les casernes. Cette indemnité est fixée : pour un Colonel à 640 fr. par an ; pour un Lieutenant-Colonel à 560 fr.; pour un Chef d'Escadron à 480 fr. ; pour un Capitaine ou Trésorier à 180 fr. ; pour un Lieutenant ou Sous-Lieutenant à 120 fr. (Circulaire du Ministre de l'intérieur du 31 juillet 1863).

(1) Le département de l'Aveyron ne reçoit pas de subvention pour les chemins de grande communication sur le fonds de cent millions créé par la loi du 11 juillet 1868, par le motif que le produit du centime est supérieur à 20,000 fr.

(2) Les communes traversées par un ou plusieurs chemins de grande communication n'ont pas toutes le même intérêt à leur construction ou à leur entretien ; il est évident que, ne devant pas en profiter au même degré, elles ne peuvent concourir au paiement des dépenses que proportionnellement aux avantages qu'elles en retirent, aux travaux qu'il y a à faire et aux ressources dont elles disposent. La part de concours de chacune doit donc être déterminée. La loi du 21 mai 1836 (art. 6 et 7) laissait ce soin au Préfet ; celle du 10 août 1871 confère cette attribution au Conseil général. A cet effet, l'Agent-voyer en chef dresse un état par ligne avec l'indication des ressources que doit fournir chaque commune sur ses revenus ordinaires, sur le produit des prestations et sur le produit des centimes spéciaux (art. 64 de l'instruction générale sur les chemins vicinaux, et art. 62 du règlement général). C'est cet état qui est soumis à l'approbation de l'Assemblée départementale.

Postérieurement à cette opération, le Préfet dresse un état indiquant, par commune, le montant des prestations non effectuées en nature, et la somme que chacune doit fournir sur lesdites

Subvention de l'État (1). — Contingent et offre

prestations, sur les revenus ordinaires et sur le produit des centimes spéciaux. Cet état est transmis au Trésorier-payeur général pour le montant en être recouvré et encaissé au compte des produits éventuels du département. Cette ressource constitue les *Contingents des communes.*

Indépendamment des contingents, les communes peuvent faire offre, à titre de concours, de sommes prélevées sur les revenus ordinaires, sur les fonds libres ou sur toute autre ressource. Ces offres sont acceptées par le Préfet sur l'avis de l'Agent-voyer en chef. Le montant en est recouvré par le Trésorier-payeur général et encaissé au même titre que les contingents dont il vient d'être parlé. C'est ce qui constitue la ressource : *Offre des communes.*

Les personnes intéressées à la construction ou à l'entretien d'un chemin de grande communication peuvent également subvenir au paiement des dépenses au moyen de leurs fonds personnels. Les souscriptions sont acceptées par le Préfet sur la proposition de l'Agent-voyer en chef. Le recouvrement et l'encaissement en sont faits comme pour les contingents et offres des communes. Cette ressource figure au budget sous le titre de : *Souscriptions particulières.*

Il arrive quelquefois qu'un chemin exige des frais d'entretien considérables par suite des dégradations qu'y occasionnent des compagnies industrielles par les nombreux colliers qu'elles emploient pour le transport de leurs produits. Dans ce cas, une subvention est imposée à ces compagnies, et si elle ne peut être fixée à l'amiable, elle est réglée par le Conseil de préfecture (art. 14 de la loi du 21 mai 1836). Cette ressource est également recouvrée par le Trésorier-payeur général et constitue aussi un produit éventuel du service vicinal. Elle est indiquée au budget sous le titre de : *Subventions industrielles.*

Le produit des bacs et passage d'eau sur les chemins de grande communication constitue aussi une ressource éventuelle en faveur du service vicinal. Elle est versée au compte des produits éventuels du département pour servir au paiement des dépenses desdits chemins.

(1) La loi du 11 juillet 1868 (art. 4) a créé un fonds de 15 millions en faveur des chemins d'intérêt commun. La répartition, par chemin, de la subvention accordée à chaque département, en est faite par le Conseil général.

des communes, souscriptions particulières et subventions industrielles (1).

CHEMINS VICINAUX ORDINAIRES.

Subvention de l'État (2).

CHEMINS DE FER D'INTÉRÊT LOCAL.

Subvention de l'État; contingent des communes; souscriptions particulières; versements effectués par les compagnies pour les frais de contrôle et de surveillance (3).

(1) Pour ce qui est de ces diverses ressources, voir les explications fournies au sujet des chemins de grande communication (pages 49 et 50). Elles s'appliquent en tout point aux chemins d'intérêt commun.

(2) Pour faciliter l'achèvement des chemins vicinaux ordinaires, la loi du 11 juillet 1868 (art. 1er), a créé un fonds de cent millions en faveur des communes. L'allocation attribuée à chaque département est répartie entre les communes par les soins du Conseil général, sur la proposition du Préfet, et suivant les bases indiquées au § 1er de l'art. 2 de ladite loi.

(3) La loi du 12 juillet 1865 a autorisé l'établissement des chemins de fer d'intérêt local, soit par les départements ou les communes, avec ou sans le concours des propriétaires intéressés, soit par des concessionnaires, avec le concours des départements ou des communes. La dénomination donnée à ces chemins de fer indique suffisamment le rôle spécial que la loi a entendu leur assigner ; ils doivent avoir pour objet de relier les localités secondaires entre elles ou avec les grandes lignes. Cette loi porte à l'art. 4 : « Des subventions peuvent être accordées sur les fonds du Trésor pour l'exécution des chemins de fer d'intérêt local. Le montant de ces subventions pourra s'élever jusqu'au tiers de la dépense que le traité d'exploitation à intervenir laissera à la charge des départements, des communes et des intéressés. Il pourra être fixé à la moitié pour les départements dans lesquels le produit du centime additionnel au principal des quatre contributions directes est inférieur à 20,000 fr., et ne dépassera pas le quart pour ceux dans lesquels ce produit sera supérieur à 40,000 fr. »

Les explications qui précédent justifient suffisamment l'inscrip-

§ 6. *Remboursement d'avances.*

Remboursement des taxations payées par le département aux divers agents qui ont procédé à l'instruction des affaires relatives aux exploitations d'usines et d'autres entreprises analogues (1). — Retenues afférentes aux coupons des obligations départementales; droits de transferts, etc. (2). — Reversement pour trop-payé sur les ressources ordinaires.

Les articles indiqués ci-dessus, qui peuvent donner lieu à une ressource éventuelle du budget ordinaire, n'exigent pas d'explication particulière. L'intitulé de chacun de ces articles démontre suffisamment la nature et l'origine du produit qui doit figurer au § 6.

Ici se termine la série des recettes afférentes au Ministère de l'intérieur.

Reste à dire un mot sur celles applicables à l'instruction primaire et au cadastre.

RECETTES AFFÉRENTES AU MINISTÈRE DE L'INSTRUCTION PUBLIQUE.

Parmi les ressources applicables aux dépenses du budget ordinaire, l'article 60 de la loi de 1871 fait figurer le produit des centimes spéciaux à réaliser en vertu des lois du 15 mars 1850 et du 10 avril 1867, pour le service de l'enseignement primaire. La loi du 19 juillet 1875 a créé une nouvelle ressource à affecter à ce même service.

D'après l'art. 8 de la loi du 18 juillet 1866, les

tion au budget départemental des divers articles de recette en faveur des chemins de fer d'intérêt local. Ces produits sont recouvrés par le Trésorier-payeur général et encaissés au compte des produits éventuels du département.

(1) Circulaire du Ministre de l'intérieur du 6 août 1857.

(2) Loi du 29 juin 1872.

départements qui, pour assurer le paiement des dépenses de l'instruction primaire, n'avaient pas besoin de faire emploi de la totalité des centimes spéciaux, pouvaient en distraire une partie et affecter le montant de ce prélèvement aux autres dépenses du budget ordinaire.

Cette disposition est maintenue par la loi du 10 août 1871, mais elle n'a pas été reproduite sans modification dans le texte de l'article 60. La faculté attribuée aux Conseils généraux a fait l'objet d'une réserve ainsi conçue :

« L'affectation de l'excédant du produit des centimes spéciaux de l'instruction primaire à des dépenses étrangères à ce service ne pourra avoir lieu qu'à l'une des sessions de l'année suivante et lorsque cet excédant aura été constaté en fin d'exercice. »

Le département de l'Aveyron n'est pas dans ce cas, et il n'arrivera jamais, certainement, à couvrir même les dépenses ordinaires de l'instruction primaire, pour lesquelles le ministère de l'instruction publique est obligé de subvenir jusqu'à concurrence de 600,000 fr. environ.

Le maximum des centimes ordinaires que les départements peuvent s'imposer pour le service de l'instruction primaire, est fixé chaque année par la loi de finances. Celle du 19 juillet 1875 limite le nombre maximum à quatre, mais les départements qui pourraient assurer ce service au moyen d'autres ressources ont la faculté de réduire ce nombre à trois. Cette imposition porte sur les quatre contributions directes.

RECETTES AFFÉRENTES AU MINISTÈRE DES FINANCES.

La loi du 2 août 1829 a accordé aux Conseils généraux la faculté de voter une imposition qui ne peut excéder 5 centimes et dont le produit doit être affecté au paiement des dépenses du cadastre. Cette imposition ne porte que sur la contribution foncière. La recette, comme la dépense, ne figurent que pour ordre au budget ordinaire du département et elles sont rattachées, l'une et l'autre, au budget spécial du cadastre dont le règlement appartient au Ministre des finances.

Les opérations cadastrales étant terminées dans l'Aveyron, depuis longtemps, le Conseil général de ce département n'a plus à voter des ressources pour le service dont il s'agit.

Nous venons d'examiner en détail les dépenses et les recettes du budget ordinaire; reste le budget extraordinaire dont nous allons nous occuper.

Budget extraordinaire.

DÉPENSES.

Sous-Chapitre XVII. — *Dépenses imputables sur le produit de centimes extraordinaires.*

Ce sous-chapitre est divisé en autant de paragraphes qu'il existe de lois créant des ressources spéciales. Le premier paragraphe est destiné à recevoir les dépenses imputables sur les centimes extraordinaires que le Conseil général est autorisé à voter en exécution de l'article 40 de la loi du 10 août 1871, et dont le maximum est fixé annuellement par la loi de finances. Les autres paragraphes sont réservés à l'inscription des dépenses imputables sur le produit des impositions extraordinaires créées par des lois spéciales. Chaque loi fait l'objet d'un paragraphe spécial.

Le Conseil général fixe l'emploi des centimes extraordinaires votés dans les limites déterminées par la loi de finances; quant aux centimes qui excèdent le maximum indiqué par cette loi, ils conservent la destination spéciale que leur a attribuée celle qui en a autorisé le recouvrement.

Sous-Chapitre XVIII. — *Dépenses imputables sur fonds d'emprunt.*

Lorsqu'un département contracte un ou plusieurs emprunts, c'est toujours en vue du paiement de dépenses déterminées d'avance. C'est pour faire face à ces dépenses que le Conseil général inscrit à ce sous-chapitre les crédits nécessaires, imputables sur les ressources provenant exclusivement des emprunts déjà réalisés ou à réaliser, en tout ou en partie, dans le courant de l'exercice. Il va sans dire que le montant des dépenses portées au sous-chapitre XVIII ne peut pas être supérieur au montant des ressources qui doivent en assurer le paiement. Chaque emprunt doit, en outre, faire l'objet d'un paragraphe distinct.

Sous-Chapitre XIX. — *Dépenses imputables sur les produits éventuels extraordinaires.*

Parmi les dépenses qui doivent être classées dans ce sous-chapitre figurent les suivantes :

Frais de vente et d'enregistrement relatifs à la cession de propriétés immobilières. — Frais de ventes mobilières : matériaux, mobilier hors de service, vieux papiers, etc. — Frais d'enregistrement relatifs aux dons ou legs faits au département.

Il est une autre dépense qui a figuré, pour la première fois au budget départemental, en 1872, et qui a été classée à ce sous-chapitre ; c'est celle qui a pour objet l'emploi des fonds remboursés par l'État, en vertu de la loi du 11 septembre 1871, et affectés par le Conseil général de l'Aveyron aux travaux des routes et des chemins de grande communication ainsi qu'à ceux d'intérêt commun (1).

Enfin le Conseil général peut porter à ce sous-chapitre toutes les dépenses qu'il juge convenable, jusqu'à concurrence des ressources éventuelles extraordinaires nécessaires pour les couvrir.

Ce sous-chapitre étant le dernier du budget extraordinaire, il reste à indiquer les ressources extraordinaires qui peuvent être inscrites à ce budget.

Recettes du Budget extraordinaire.

Aux termes de l'article 59 de la loi du 10 août 1871, les recettes du budget extraordinaire se composent :

1° Du produit des centimes extraordinaires votés annuellement par le Conseil général, dans les limites déterminées par la loi de finances ou autorisés par des lois spéciales ;

2° Du produit des emprunts ;

3° Des dons et legs ;

4° Du produit des biens aliénés ;

5° Du remboursement des capitaux exigibles et des rentes rachetées ;

6° De toutes autres recettes accidentelles.

Les centimes extraordinaires sont, d'une part, ceux que le Conseil général est autorisé à voter en vertu de la loi du 10 août 1871 (art. 40) et dont le maximum est fixé par la loi annuelle de finances, et, d'au-

(1) Aux termes de la loi du 11 septembre 1871, l'État rembourse aux départements, en 5 annuités, à partir de 1872, les dépenses qu'ils ont supportées pour l'organisation de la garde nationale mobilisée. Le Conseil général de l'Aveyron ayant affecté cette ressource éventuelle à des travaux à exécuter sur les voies de communication, les divers articles de dépense doivent figurer au sous-chapitre XIX pendant les années 1872 à 1876 inclusivement.

tre part, ceux dont la perception est autorisée par des lois spéciales en sus du maximum dont il vient d'être parlé.

Les centimes extraordinaires, dont la loi de finances fixe tous les ans le maximum, n'ont pas de destination spéciale ; l'Assemblée départementale en détermine l'emploi. Quant à ceux autorisés par des lois spéciales ils conservent la destination attribuée par la loi qui en a autorisé le recouvrement.

La deuxième ressource extraordinaire consiste dans le produit des emprunts.

Aux termes de l'article 40 de la loi précitée, les Conseils généraux ont le droit de voter des emprunts sans qu'il soit nécessaire de recourir à la sanction législative ; mais deux conditions sont exigées pour la réalisation de ces emprunts : il faut d'abord que la durée de l'amortissement n'excède pas quinze ans (1), et ensuite que les intérêts et le remboursement du capital emprunté puissent être assurés sur les ressources ordinaires ou extraordinaires du budget départemental. Il importe toutefois que le maximum des centimes fixé par la loi de finances ne soit pas dépassé. Si cette limite était franchie, ou si l'opération devait durer plus de 15 ans, une loi spéciale serait indispensable.

Dans le cas, donc, où il serait nécessaire d'avoir recours à une imposition extraordinaire spéciale pour assurer le paiement des intérêts et de l'amortissement d'un emprunt à contracter, il y aurait lieu de provoquer une loi spéciale, aussi bien pour la réalisation

(1) Sous le régime de la loi de 1866, la durée de l'opération n'était que de douze ans.

dudit emprunt que pour le vote de l'imposition extraordinaire.

Les départements sont encore autorisés à emprunter à la caisse des chemins vicinaux, instituée par la loi du 11 juillet 1868.

Comme pour les emprunts ordinaires, l'opération doit être autorisée par une loi, si elle doit durer plus de quinze ans, ou si elle oblige à dépasser, pour l'amortissement, la limite des centimes extraordinaires laissés chaque année, par la loi de finances, à la disposition des Conseils généraux. Il faut, aussi, que les départements, comme pour les emprunts ordinaires, assurent les ressources nécessaires à l'amortissement lorsqu'ils empruntent, en vertu de l'art. 7 de ladite loi, aux lieu et place des communes qui ne peuvent user de la faculté ouverte par l'art. 6 (1).

Quant aux produits éventuels du budget extraordinaire énumérés aux §§ 3, 4, 5 et 6 de l'art. 59 de la loi de 1871, il appartient au Conseil général d'en déterminer l'emploi. Il est à remarquer, toutefois, que les dons et legs (§ 3) ont, presque toujours, une destination spéciale qui doit être rigoureusement maintenue.

Le budget départemental dont nous venons de faire connaître tous les détails est celui-là même qui a été mis en harmonie avec la loi du 10 août 1871.

Les dispositions financières de cette loi ont reçu leur application, pour la première fois, au budget de l'exercice 1872 et ce document n'a subi, dans sa forme,

(1) Voir au sujet des emprunts à la caisse des chemins vicinaux les circulaires très-détaillées du Ministre de l'intérieur des 6 mars 1869 et 31 octobre 1872, ainsi que le *Recueil* des actes administratifs de la préfecture de l'Aveyron. (Année 1869, nº 8).

aucune modification, jusqu'en 1875, époque à laquelle s'arrête notre travail.

Examinons si les effets de la nouvelle loi ont été avantageux pour le département de l'Aveyron.

Aux termes de l'article 7 de la loi de 1866, les départements dont la situation financière l'exigeait, pouvaient recevoir une allocation sur un fonds inscrit au budget général de l'État, et fixé à quatre millions de francs. Le législateur n'avait soumis cette distribution à aucune règle absolue ; il s'était borné à exclure les départements qui, pouvant disposer d'un excédant de ressources sur le produit des centimes spéciaux de la vicinalité et de l'instruction primaire, n'appliquaient pas ce surplus aux autres dépenses du budget ordinaire. La loi de 1871, au contraire, laisse à la loi de finances le soin de déterminer chaque année la quotité de la subvention à inscrire au budget général de l'État et précise la destination du crédit en ces termes : « Il est exclusivement réservé aux départements qui, en raison de leur situation financière, doivent recevoir une allocation de l'État. »

D'après ces dispositions, le département de l'Aveyron était en droit d'espérer une plus forte subvention que celle qui lui avait été allouée, sur le fonds de 4 millions de francs créé par la loi de 1866.

Ses espérances se sont-elles réalisées ? On peut répondre négativement et la justification se trouve dans les chiffres ci-après :

Sous l'empire de la loi de 1866, le département de l'Aveyron avait reçu de l'État, sur le fonds de 4 millions, savoir :

60,000 fr. pour l'année 1868, 59,659 fr. 50 c. pour l'année 1869 et 59,000 fr. pour chacune des deux années 1870 et 1871.

Depuis la loi de 1871, qui nous régit actuellement, il lui a été accordé 59,000 fr. pour chacune des années 1872 et 1873, et 62,000 fr. pour 1874.

Nous avons déjà vu que la loi de 1866 n'avait pas amélioré la situation financière du département de l'Aveyron; les chiffres ci-dessus démontrent que celle de 1871 ne lui a pas fait, jusqu'à présent, des conditions meilleures, sauf pour l'année 1874 où le chiffre a été un peu plus élevé.

Dans cet état de choses et avec des subventions d'une si faible importance, le Conseil général ne peut arriver à équilibrer le budget qu'en ajournant des travaux, même très-urgents, et des dépenses d'une nécessité incontestable.

Citons un exemple qui permette d'être édifié sur cette situation :

Les 7 centimes ordinaires qui formaient autrefois le fonds commun et que la loi de 1866 a laissés à la disposition des départements représentent, pour l'Aveyron, en 1874, ci..............	125.813 »»
La subvention accordée par l'État à ce département, pour la même année, étant de..........................	62.000 »»
On a un total de..........	187.813 »»
La part allouée, en 1867, sur le fonds commun, était de..................	185.000 »»
D'où ressort un excédant de ressource, après 7 ans, de la faible somme de.....	2.813 »»

Si les dépenses étaient restées les mêmes de 1867 jusqu'à 1874, la situation budgétaire de l'Aveyron serait aujourd'hui ce qu'elle était sous la loi de 1838; mais malheureusement il n'en a pas été ainsi; elles ont, au contraire, augmenté dans des proportions considérables.

Comparant, pour cette même période, trois services seulement, nous trouvons qu'il a été payé, en 1867, la somme de 37,409 fr. 07 c. pour le casernement de la gendarmerie, tandis que cette dépense, pour 1874, est de 44,685 fr. 83 c. Les frais d'entretien des routes départementales qui ne se sont élevés, en 1867, qu'à 168,421 fr. 39 c., ont été, pour 1874, de 208,600 fr. Enfin, les frais d'entretien des aliénés se sont élevés, en 1867, pour la portion exclusivement à la charge du département, à 32,099 fr. 11 c. seulement, tandis que, d'après le compte de 1874, elle est de 77,894 fr. 10 centimes.

La Commission départementale de l'Aveyron, dans son rapport sommaire sur le projet de budget de 1873, a constaté cette fâcheuse situation. Elle a signalé comme défectueuse la base servant à la répartition du fonds de subvention et indiqué les éléments qu'il y aurait lieu de prendre pour arriver à une distribution plus équitable (1).

Le Conseil général, à son tour, s'est vivement préoccupé de cet état de choses. Une délibération, longuement motivée, et par laquelle l'Assemblée départementale sollicitait, au nom de la justice, un secours plus considérable, fut prise dans la 2e session de 1872, et, à raison de l'importance de l'objet, le Conseil, usant de la faculté accordée par l'article 51 de la loi de 1871, chargea son président de la transmettre directement au Ministre de l'intérieur (1).

(1) Voir le rapport fait par M. Briguiboul, au nom de la Commission départementale. (Volume des délibérations du Conseil général, 2e session de 1872, page 15).

(1) Voir le rapport fait par M. Rodat, au nom de la Commission des finances. (Volume des délibérations du Conseil général, 2e session de 1872, page 230).

Cette délibération n'est pas restée tout à fait sans résultat, puisqu'elle a eu pour effet de faire attribuer au département de l'Aveyron, pour 1874, une subvention supérieure de 3,000 fr. à celle qui lui avait été accordée pour l'année précédente. Toutefois, le chiffre de cette allocation (62,000 fr.) est encore bien inférieur à celui qu'il peut revendiquer et auquel sa situation financière exceptionnelle donne des droits incontestables.

Un mot maintenant au sujet de l'intervention de la Commission départementale en matière de budget. Cette intervention est définie ainsi qu'il suit dans une circulaire du Ministre de l'intérieur, en date du 8 octobre 1871 :

« La Commission départementale n'intervient qu'exceptionnellement dans la solution des questions qui se rapportent au budget. Elle doit présenter au Conseil général, à l'ouverture de la session, un rapport sommaire sur les propositions que le Préfet compte soumettre à l'Assemblée, mais c'est au Conseil général seul, qui a voté les crédits et qui a fixé les recettes, qu'il appartient de proposer une modification ou un virement au budget en cours d'exercice.

« Il est pourtant deux cas où la Commission départementale est appelée à intervenir dans l'emploi ou dans le recouvrement des ressources inscrites au budget, les voici : 1° Lorsque le Conseil général alloue des subventions sur les fonds départementaux, il n'est pas tenu d'en opérer lui-même la répartition. Il peut déléguer ce soin à la Commission départementale. 2° Lorsque le Conseil général inscrira au budget extraordinaire le montant d'un emprunt à contracter pendant la durée de l'exercice, il s'abstiendra presque toujours de fixer d'une manière précise l'époque de la réalisation de cette ressource. L'exécution plus ou moins rapide des travaux, les faits imprévus qui peuvent se produire, doivent avoir pour résultat de retarder ou de hâter le moment où il sera nécessaire de faire appel au crédit. Désormais, l'époque de réalisation des emprunts sera fixée par la Commission départementale qui déterminera,

en même temps, le mode de réalisation, si le Conseil général n'a pas lui-même indiqué ses préférences. »

Avant de terminer la partie relative au budget départemental, nous croyons utile d'appeler l'attention du Conseil général sur une décision, prise le 20 décembre 1849, par le Président de la République, et qui eut pour effet de charger les Ingénieurs des ponts et chaussées du mandatement des dépenses des routes départementales, travail simplement matériel, qui, antérieurement, incombait aux bureaux des préfectures.

Les motifs exposés dans le rapport, à la suite duquel intervint la susdite décision, nous paraissent s'appliquer, en tout point, aux dépenses de la vicinalité, et nous pensons que, dans l'intérêt d'une bonne administration, il conviendrait que les agents placés à la tête de cet important service fussent également chargés de mandater toutes les dépenses de la voirie vicinale, inscrites au budget départemental.

Il ne sera pas sans intérêt de connaître quelques-uns des motifs qui déterminèrent l'adoption de la mesure dont il s'agit. Nous reproduisons ci-après un extrait de ce rapport :

« . . . . . Les Ingénieurs en chef des ponts et chaussées, après avoir reconnu et fixé les droits acquis et devenus exigibles, ne peuvent agir que par la forme beaucoup plus lente, et bien plus incertaine, d'une instance auprès des bureaux du Préfet, seul délégataire des crédits ministériels, pour obtenir la délivrance, plus ou moins ralentie, des mandats de paiement. Il a été reconnu, depuis longtemps, que ces retards indisposaient toujours, et à bon droit, les créanciers impatients de recevoir le prix de leurs services, de leurs ouvrages ou de leurs fournitures.

« La nouvelle mesure, en imprimant, par l'effet du mode de sous-délégation, une plus grande célérité au paiement des dépenses, aura, il n'en faut pas douter, pour résultat certain, d'exercer une heureuse influence sur les conditions des marchés, en réduisant considérablement les retards qui accompagnaient, le plus ordinairement, la délivrance des mandats de paiement, et en exonérant les entrepreneurs de la majeure partie des avances de fonds, souvent fort considérables, auxquels ils étaient astreints sous le régime suivi jusqu'à présent.

« Il était reconnu depuis longtemps que le mode actuel de mandatement, par ses lenteurs et par ses entraves, mettait en opposition et en luttes continuelles le prompt accomplissement et le succès des travaux, l'amour-propre contrarié de celui qui les dirige, la scrupuleuse fidélité aux engagements pris vis-à-vis des tiers, avec le respect des règles générales de l'ordre et de l'économie. Aussi était-il devenu inévitable que l'intérêt pressant du service, et l'honneur même de ceux qui en répondent, dussent l'emporter définitivement sur l'observation des principes rigoureux d'une comptabilité tardive et embarrassée.

« ..... Je ne pousserai donc pas plus loin ces considérations, et je me bornerai à établir qu'il serait très-facile de faire cette application, sans porter aucune atteinte sérieuse aux attributions respectives des Préfets et des Conseils généraux des départements, sans détruire l'unité en matière de comptabilité, sans diviser la responsabilité des paiements et sans altérer, en aucune manière, le caractère que les comptes généraux ont eu jusqu'à ce jour. »

L'expérience a démontré que les effets de la décision du 20 décembre 1849 avaient produit les meilleurs résultats en ce qui concerne, surtout, la célérité dans le paiement des dépenses.

Dans ces conditions et en présence de la similitude des travaux qui s'effectuent sur les routes et sur les chemins vicinaux, ne conviendrait-il pas de faire participer ces derniers aux mêmes avantages en laissant le soin du mandatement des dépenses de la vicinalité à l'agent placé à la tête du service vicinal?

S'il nous était permis d'exprimer un simple avis, nous fondant sur ce qu'a pu nous suggérer, à cet égard, une expérience de 24 années employées aux travaux de la comptabilité départementale, nous n'hésiterions pas à proposer au Conseil général d'étudier cette question qui nous paraît du plus grand intérêt.

Le budget départemental que nous venons de voir dans tous ses détails, désigné sous le titre de : *Budget primitif*, est appelé à subir des modifications dans le courant de l'exercice (1). Elles sont quelquefois très-nombreuses. Les recettes comme les dépenses sont susceptibles de changements.

Les lois en vigueur permettent d'introduire au budget primitif des allocations nouvelles, de modifier les prévisions primitives et de réduire les crédits applicables à des dépenses déterminées pour augmenter les crédits destinés à d'autres services.

Ces diverses opérations ont lieu par le *Supplément au budget*, autrement dit : *Budget de report;* par le *Budget rectificatif* et par les *Décisions modificatives*.

Examinons chacun de ces documents et les cas dans lesquels ils doivent être employés.

Budget de report.

Aux termes de l'article 63 de la loi du 10 août 1871, les fonds départementaux qui n'ont pu recevoir leur emploi dans le cours de l'exercice sont reportés, après clôture, sur l'exercice en cours d'exécution, *avec l'affectation qu'ils avaient au budget voté par le Conseil général* et les fonds restés libres sont cumulés avec les

(1) La durée de l'exercice, en ce qui concerne les dépenses départementales, est actuellement du 1er janvier au 31 mars de l'année suivante pour le mandatement, et pour le paiement des mandats émis il est accordé un mois de plus, c'est-à-dire jusqu'au 30 avril. (Décret du 18 décembre 1867).

ressources du budget en cours, suivant la nature de leur origine, pour recevoir l'affectation nouvelle qui pourra leur être donnée par le Conseil général.

Ainsi qu'on vient de le voir, ces fonds forment deux catégories distinctes. La première comprend les sommes qu'il convient de réserver pour les dépenses mandatées et non payées, pour celles faites et non mandatées, et pour celles à continuer. Ces sommes doivent être reportées en recette et en dépense au budget de l'année pendant laquelle on opère. C'est ce qui constitue le *budget de report.* La seconde catégorie comprend les fonds demeurés sans destination sur l'exercice clos, soit parce que les dépenses pour lesquelles ils avaient été primitivement allouées se trouvent terminées et soldées, soit parce que il y a lieu d'en ajourner indéfiniment l'exécution ou d'y renoncer, soit enfin, parce que les fonds ont été mis en réserve, comme excédant les besoins, ou pour toute autre cause. Les fonds de cette seconde catégorie servent à former le budget rectificatif dont il sera question un peu plus loin.

Le budget de report n'ouvre pas des crédits nouveaux, mais fait revivre simplement les crédits ou portions de crédits du budget appartenant à l'exercice expiré. Par conséquent, il ne peut être introduit audit budget des allocations ayant pour objet de couvrir des excédants de dépense de ce même exercice.

Le budget de report n'est qu'un relevé de faits restant à accomplir. Les recettes ainsi que les dépenses à y inscrire ayant déjà été votées par le Conseil général, cette Assemblée n'a pas à intervenir dans le règlement de ce document; ce soin incombe au Ministre de l'intérieur.

Budget rectificatif.

Sous l'empire de la loi du 10 mai 1838, les Conseils généraux étaient déjà appelés à opérer, au budget de l'exercice en cours d'exécution, les modifications de détail que commandaient les besoins du service. Ce droit, dont la loi de 1838 ne faisait pas mention, mais qui résultait de la nature même des choses, reçut une consécration formelle de la loi du 18 juillet 1866, et notamment de l'article 9, qui, complétant la pensée du législateur de 1838, mentionne expressément le *Budget rectificatif.*

L'ensemble des modifications que le Conseil général faisait subir au budget primitif et qui, dans le langage de la comptabilité, n'avait pas d'appellation régulière, reçut ainsi une dénomination légale, et le droit de l'Assemblée départementale fut désormais affirmé.

Toutefois, bien que les modifications apportées par le Conseil général au budget en cours d'exécution puissent avoir une véritable importance, le budget rectificatif ne constitue pas un budget nouveau, il rectifie seulement celui en cours d'exercice.

La loi de 1871 (art. 63, § 2), reproduisant à peu près les termes de la loi de 1866, en ce qui concerne le budget rectificatif, s'exprime ainsi :

« Les fonds libres, provenant d'emprunts, de centimes ordinaires et extraordinaires recouvrés ou à recouvrer dans le cours de l'exercice, ou de toute autre recette, seront cumulés, suivant la nature de leur origine, avec les ressources en cours d'exécution, pour recevoir l'affectation nouvelle qui pourra leur être donnée par le Conseil général dans le budget rectificatif de l'exercice courant. »

Après s'être rendu compte du montant des fonds libres, le Conseil général a la faculté d'ouvrir, en dépense, des crédits correspondant à l'augmentation des ressources; il peut même donner à ces fonds, qu'ils proviennent du budget ordinaire ou du budget extraordinaire, une destination nouvelle, à moins, toutefois, qu'ils n'empruntent à leur origine le caractère d'une étroite spécialité.

VIREMENTS. — DÉCISIONS MODIFICATIVES.

Le Conseil général peut opérer au budget de l'exercice courant les virements de crédits qu'exigent les besoins du service ou la situation des travaux, et modifier en plus ou en moins les allocations déjà votées. Il peut aussi retrancher du budget un crédit voté et le reporter sur une dépense plus urgente, de même qu'il peut y introduire des allocations nouvelles, en restant toujours, bien entendu, dans la limite des ressources. De là, la nécessité, et, on peut le dire, la légitimité du virement.

Une circulaire du Ministre de l'intérieur, transmise aux Préfets le 25 mars 1872, renferme des instructions précises à cet égard. Nous reproduisons ci-après les dispositions les plus importantes qu'elle renferme :

« Les droits de l'administration étaient définis ainsi qu'il suit par le décret du 31 mai 1862 :

« Art. 464. Les virements de crédits d'un sous-chapitre à un autre sous-chapitre de la 1re section du budget peuvent être autorisés par le Préfet, quand il ne s'agit pas d'une dépense nouvelle à introduire.

« Quant aux virements relatifs à des dépenses nouvelles et aux augmentations d'allocations qui seraient reconnues nécessaires dans ces sous-chapitres après le règlement du budget, ils doivent être autorisés par des décisions ministérielles qui sont notifiées aux Préfets.

« Art. 468. Les modifications à apporter, en cours d'exercice, aux crédits des sections du budget départemental, autres

que la première, sont approuvées par décret, après avis du Conseil général.

« Toutefois, lorsque les changements se rapportent exclusivement à l'emploi des ressources dont l'affectation est immuable et indépendante de la volonté du Conseil général, il peut être statué par décision ministérielle.

« Ces dispositions, Monsieur le Préfet, étaient conformes à la loi du 10 mai 1838 qui avait divisé les dépenses départementales en dépenses obligatoires et dépenses facultatives, et au décret du 25 mars 1852 sur la décentralisation.

« Considérés à un point de vue purement théorique, les principes consacrés par l'article 464 du décret du 31 mai 1862 n'étaient peut-être pas à l'abri de toute critique. Le budget ayant été délibéré par le Conseil général et réglé par un décret, était-il logique qu'une décision administrative, émanant du Préfet, ou même du Ministre, pût le modifier dans une de ses parties ?

« La question ainsi posée, le doute est assurément permis. Mais on ne saurait oublier que l'article 464 était d'accord avec le système général des lois de finances ; l'article 55 du sénatus-consulte du 31 décembre 1861 accordait alors au pouvoir exécutif le même droit de virement d'un chapitre à un autre dans le budget des ministères. L'État et les départements se trouvaient donc soumis aux mêmes règles.

« Au point de vue de l'application, la nécessité d'introduire au budget départemental une dépense nouvelle ne se présentait que très-exceptionnellement ; aussi l'intervention du Ministre s'est-elle rarement produite ; mais des exigences, apparentes ou réelles, pouvaient motiver des modifications de crédit. Dans ce cas, le droit de virement demeurait abandonné aux Préfets et le contrôle de la Cour des comptes était la seule barrière opposée aux abus.

« Cette considération, vraisemblablement, ne fut pas sans influence sur les résolutions qui ont déterminé les auteurs de la loi du 18 juillet 1866 à restreindre le nombre et l'importance des dépenses obligatoires.

« ..... Le droit de virement que vous avait conféré le décret du 25 mars 1852 à l'égard de la 1re section de l'ancien budget, ne peut plus s'exercer, désormais, que dans les limites beaucoup plus restreintes du sous-chapitre Ier. Quant aux allocations inscrites dans les autres sous-chapitres, le Conseil général peut seul en changer l'affectation ou l'économie primitive.

« Telle était la situation lorsque intervint la loi du 10 août 1871.

« Bien qu'elle soit inspirée par un esprit nouveau et qu'elle ait fait une plus large part aux franchises du Conseil général, cette loi, comme celles de 1838 et de 1866, a maintenu la distinction entre les dépenses obligatoires et les dépenses facultatives.

« Les dépenses obligatoires dont les articles 60 et 61 ont dressé la liste dans des termes qu'on ne saurait étendre, sont classées aujourd'hui au sous-chapitre Ier du budget. Les dix-huit autres sous-chapitres sont réservés à l'inscription des dépenses facultatives, et l'article 61 établit que les allocations applicables à ces divers services ne peuvent être modifiées par le décret qui règle le budget. Ici le droit du Conseil général n'a de limite que le montant des recettes, et si, pendant le cours d'un exercice, des changements doivent être apportés au budget, c'est le Conseil général qui fera lui-même ces modifications : elles devront, toutefois, être sanctionnées par un décret, puisque c'est un décret qui a réglé le budget primitif.

« Néanmoins, en ce qui concerne les dépenses obligatoires, le droit du Conseil général n'est pas entier : elles peuvent être inscrites d'office au budget, dans la forme indiquée par l'article 61. Cette faculté laissée au Gouvernement de pourvoir, au moyen d'une contribution spéciale, à l'acquittement des dépenses que le Conseil général n'aurait pas suffisamment dotées, implique le maintien du droit de virement entre les crédits inscrits au sous-chapitre Ier.

« Mais ce n'est pas à vous, Monsieur le Préfet, qu'il appartient d'exercer ce droit. Le décret du 25 mars 1852, l'article 464 du décret du 31 mai 1862, les circulaires du 29 juillet et du 24 décembre 1867 ne sauraient se concilier avec la pensée qui a dicté la loi du 10 août 1871. Le droit de virement, dans le sous-chapitre Ier du budget, est désormais réservé exclusivement au Président de la République. »

Il résulte de ces instructions que les Conseils généraux ont la libre disposition du budget départemental

et qu'ils peuvent y apporter toutes les modifications qu'ils jugent convenables.

Toutefois, et en vertu de l'article 61 de la loi du 10 août 1871, le Gouvernement conserve le droit de virement entre les crédits du sous-chapitre Ier à raison des dépenses obligatoires qu'il peut y inscrire d'office; il peut être aussi statué par décision ministérielle, lorsque les changements se rapportent exclusivement à l'emploi des ressources dont l'affectation est immuable et indépendante de la volonté du Conseil général.

Il ne sera pas sans intérêt, avant de terminer cette question, de rappeler ici les dispositions d'une circulaire du Ministre de l'intérieur, en date du 28 avril 1874, relativement au droit du Conseil général de confier à la Commission départementale le soin d'opérer, dans le budget départemental, les virements que les circonstances peuvent réclamer :

« Le Conseil général seul, *dit cette circulaire*, peut voter une modification au budget en cours d'exercice.

« Le budget du département appartient, en effet, au Conseil général. C'est son œuvre essentielle, le résumé de tous ses travaux, l'expression formulée en chiffres d'une volonté presque souveraine, en ce sens que, sauf pour les dépenses obligatoires, le décret qui règle le budget ne peut modifier les décisions du Conseil. Avant la session, ce budget a été communiqué, à l'état de projet, à la Commission départementale : elle a examiné les propositions du Préfet et résumé dans un rapport sommaire ses propres observations et son avis sur les changements qui pouvaient être apportés aux prévisions de l'Administration. Là s'arrête son travail ; pour le vote du budget, les membres de la Commission départementale ne sont plus que des membres du Conseil général. Lorsque le budget a été voté par le Conseil et réglé par un décret, la Commission départementale, dont le concours est demandé par la loi lorsque le budget est en préparation, reste sans qualité pour s'en occuper à nouveau, et elle ne saurait intervenir qu'à titre exceptionnel et en vertu d'un mandat spécial rigoureusement limité.

« L'article 77 de la loi du 10 août 1871 dispose, en effet, que la Commission règle les affaires qui lui sont renvoyées par le Conseil général, dans la limite de la délégation qui lui en est faite.

« Sur ce point il convient de citer un avis du Conseil d'État du 13 mars 1873, qui a précisé le sens de cette disposition :

« Considérant que l'article 77 de la loi du 10 août 1871 dis-
« pose que la Commission départementale règle les affaires qui
« lui sont renvoyées par le Conseil général dans la limite de la
« délégation qui lui est faite ;

« Qu'en conséquence, ces délégations doivent être limitées et
« ne sauraient s'appliquer qu'à des affaires déterminées dont
« le Conseil général peut apprécier l'importance.

« Considérant que la délégation à la Commission départe-
« mentale par un Conseil général de toute une catégorie d'af-
« faires non spécifiées, quelquefois même non encore connues,
« excède les pouvoirs du Conseil général, qui s'attribuerait
« ainsi une sorte d'autorité législative et règlementaire, non
« plus pour déléguer l'examen d'une affaire, mais pour donner
« à la Commission départementale des attributions que la loi ne
« lui a pas conférées ;

« Que la délibération d'un Conseil général portant délégation
« générale constitue un acte en dehors de ses attributions léga-
« les et susceptible d'annulation par application de la loi du
« 10 août 1871,

« Est d'avis qu'il y a lieu d'annuler.................. »

« Le Conseil général ne peut donc déléguer toutes ses attributions ; mais, en présence de l'article 77, on ne peut lui contester le droit de déléguer à la Commission départementale, d'une manière temporaire, puisqu'elle n'est nommée que pour un an, et dans des termes strictement déterminés, la faculté de proposer des virements assujettis, d'ailleurs, comme ceux votés par le Conseil général, à la sanction d'un décret présidentiel.

« Le Conseil général a voté le sous-chapitre où s'inscrivent les crédits applicables au service des routes. Il n'a pu prévoir avec une exactitude absolue les besoins de chacune de ces voies de communication. Il donne à la Commission départementale, et seulement pour une année, l'autorisation de proposer des virements entre les allocations portées à ce sous-chapitre.

Cette délégation spéciale ne soulèverait pas d'objections ; mais on ne reconnaîtrait pas le même caractère à la délibération par laquelle le Conseil général aurait délégué à la Commission le droit de demander des virements dans l'ensemble du budget. Sur ce point, Monsieur le Préfet, vous ne sauriez, le cas échéant, insister trop fortement auprès du Conseil général de votre département. Vous auriez soin de le prémunir contre les conséquences d'un pareil abandon de la plus précieuse de ses attributions. Il pourrait arriver, en effet, que l'œuvre du Conseil général fût, sinon complètement annihilée, du moins considérablement transformée et amoindrie en cours d'exercice, et nul résultat ne serait plus contraire à la loi du 10 août 1871. J'ajoute que, dans la réalité des faits, le nombre des Conseils généraux qui ont, en cette matière, délégué une partie de leurs attributions aux Commissions départementales est encore très-limité.

« Des Conseils généraux ont cru pouvoir confier au Préfet le soin d'opérer, dans le budget départemental en cours d'exercice, les virements que les circonstances pourraient réclamer. Vous remarquerez que le droit de délégation accordé au Conseil général est limité à la Commission départementale et ne saurait comporter l'extension que certains Conseils généraux lui ont donnée en se dessaisissant du droit de virement au profit du Préfet. »

Par suite des nombreuses modifications que font subir au budget primitif les divers documents dont nous venons de parler, il serait difficile à une personne, peu familiarisée avec le service de la comptabilité départementale, d'en apprécier exactement tous les détails, si les changements, survenus dans le courant de l'exercice, n'étaient reproduits, dans un état spécial, désigné sous le titre de : *Compte des recettes et des dépenses départementales*.

Tout ce qui tient aux faits accomplis y est scrupuleusement relaté, et ce n'est qu'au moyen de ce document qu'on peut être fixé, d'une manière précise, sur le montant des ressources comme sur la dépense que chaque service a occasionnée pendant le cours d'un exercice.

La tâche que nous avions entreprise est terminée. Toutefois, nous avons pensé qu'il ne serait pas sans intérêt de faire suivre ce travail de quelques renseignements statistiques. Les chiffres que nous donnons sont puisés dans les budgets du département de l'Aveyron et se rapportent à la période de 1839 à 1875. Les voici dans toute leur exactitude :

RENSEIGNEMENTS STATISTIQUES.

Le budget départemental de l'exercice 1839 fut réglé en recette et en dépense à la somme totale de.......................... 880.104 34

Celui de 1875 a été arrêté à (1).. 1.659.483 76

Différence.......... 779.379 42

Comparons maintenant le contingent en principal des 4 contributions directes qui a servi de base pour déterminer le produit des centimes à inscrire aux budgets de 1839 et de 1875.

(1) Y compris la somme de 52,806 fr. accordée par l'État en faveur des chemins vicinaux. (Loi du 11 juillet 1868) et celle de 202,283 fr. 70 montant de la 4e annuité remboursée par l'Etat sur celle versée par le département de l'Aveyron pour le service de la garde nationale mobilisée. (Décret du 22 octobre 1870, lois des 11 septembre 1871 et 26 novembre 1872.)

CONTRIBUTIONS.	Principal en 1839.	Principal en 1875.
Foncière	1.444.608 »»	1.494.763 »»
Personnelle et mobilière	267.700 »»	302.490 »»
Portes et fenêtres	174.754 »»	214.397 »»
Patentes	99.600 »»	250.000 »»
Totaux	1.986.662 »»	2.261.650 »»

Il résulte de cette comparaison que le principal des 4 contributions directes est supérieur, en 1875, de 274,988 fr. à celui de 1839.

Le tableau suivant est destiné à faire connaître, pour chacune des années 1839 à 1867 inclusivement, le nombre de centimes dont le produit a été affecté au paiement des dépenses ordinaires, facultatives, extraordinaires, spéciales, de l'instruction primaire et du cadastre, dans le département de l'Aveyron, ainsi que la part que ce département a obtenue sur le fonds commun pour chacune desdites années. Il est nécessaire de rappeler ici que les 4 contributions directes sont toujours désignées dans l'ordre suivant : 1re *Foncière ;* 2e *Personnelle-mobilière ;* 3e *des portes et fenêtres ;* 4e *des patentes.*

TABLEAU

ANNÉES.	NOMBRE DE CENTIMES ordinaires portant sur les 2 premières contributions.	facultatifs portant sur les 2 premières contributions.	extraordinaires portant sur les 4 contributions.	spéciaux pour les chemins vicinaux portant sur les 4 contributions.	pour l'instruction primaire portant sur les 4 contributions.	pour le cadastre portant sur la première contribution.	TOTAL des centimes.	Part dans le fonds commun pour dépenses ordinaires et facultatives.
1839	8c 2/10	5c	11c	5c	2c	3c	34c 2/10	136.000 »»
1840	8 5/10	5	11	5	2	4	35 5/10	137.000 »»
1841	9 4/10	5	11	5	2	4	36 4/10	144.000 »»
1842	9 4/10	5	11	5	2	3	35 4/10	146.000 »»
1843	9 4/10	5	10	5	2	0 4/10	31 8/10	151.000 »»
1844	9 7/10	5	11	5	2	»	32 7/10	139.000 »»
1845	9 7/10	5	11	5	2	»	32 7/10	152.000 »»
1846	10	5	11	5	2	»	33	176.000 »»
1847	10	5	11	5	2	»	33	176.000 »»
1848	10	5	11	5	2	»	33	166.000 »»
1849	10 4/10	5	11	5	2	»	33 4/10	160.000 »»

1850	10c 4/10	5c	11c	5c	2c	»	33c 4/10	172.000	
1851	10 4/10	7	11	5	2	»	35 4/10	155.000	»»
1852	10 4/10	7	11	5	2	»	35 4/10	155.000	»»
1853	10 4/10	7 6/10	11	5	2	»	36	165.000	»»
1854	10 4/10	7 6/10	11	5	2	»	36	175.000	»»
1855	10 4/10	7 6/10	11	5	2	»	36	160.000	»»
1856	9	7	11	5	2	»	34	170.000	»»
1857	9 5/10	7	11	5	2	»	34 5/10	170.000	»»
1858	10	7	11	5	2	»	35	164.000	»»
1859	10 5/10	7	11	5	2	»	35 5/10	174.000	»»
1860	10 5/10	7 5/10	11	5	2	»	36	180.000	»»
1861	10 5/10	7 5/10	11	5	2	»	36	180.000	»»
1862	10 5/10	7 5/10	11	5	2	»	36	180.000	»»
1863	10 5/10	7 5/10	11	5	2	»	36	180.000	»»
1864	10 5/10	7 5/10	11	5	2	»	36	180.000	»»
1865	10 5/10	7 5/10	14	5	2	»	39	185.000	»»
1866	10 5/10	7 5/10	14	5	2	»	39	185.000	»»
1867	10 5/10	7 5/10	14	5	2	»	39	185.000	»»

Le budget départemental n'ayant plus été divisé en sections à partir de l'année 1868 et ne comportant désormais que deux divisions : *Budget ordinaire* et *Budget extraordinaire*, le cadre du tableau qui précède a dû être modifié et établi ainsi qu'il suit pour la période de 1868 à 1875 inclusivement.

ANNÉES.	BUDGET ORDINAIRE. NOMBRE DE CENTIMES				BUDGET EXTRAORDINAIRE.	TOTAL des centimes.	PART sur le fonds institué par les lois du 18 juillet 1866 et du 10 août 1871.
	pour dépenses ordinaires portant sur les 2 premières contributions.	pour dépenses ordinaires portant sur les 4 contributions.	pour les chemins vicinaux portant sur les 4 contributions.	pour l'instruction primaire portant sur les 4 contributions.	Nombre de centimes extraordinaires portant sur les 4 contributions		
1868	25c	1c	7c	3c	14c	50c	60.000 »»
1869	25	1	7	3	14	50	59.659 50
1870	25	1	7	3	18	54	59.000 »»
1871	25	1	7	3	18	54	59.000 »»
1872	25	1	7	3	18	54	59.000 »»
1873	52	1	7	3	18	54	59.000 »»
1874	25	1	7	3	18	54	62.000 »»
1875	25	1	7	3	18	54	62.000 »»

Les renseignements statistiques qui précèdent, puisés dans les divers budgets départementaux, spéciaux à l'Aveyron, nous ont paru de nature à offrir quelque intérêt pour les personnes qui s'occupent des finances de ce département ou qui sont chargées de leur administration.

C'est à ce titre seulement que nous avons jugé utile de les consigner à la suite de notre travail sur la comptabilité départementale.

TABLE DES MATIÈRES.

Rodez. — Imp. H. de Broca, boulevard Sainte-Catherine.

www.ingramcontent.com/pod-product-compliance
Ingram Content Group UK Ltd.
Pitfield, Milton Keynes, MK11 3LW, UK
UKHW031926260826
14628UKWH00003B/1456

9 782013 255424